幼儿教师必备基本功丛书

U0646430

谷瑞勉　著

YOUERYUAN BANJI GUANLI：
FANSIXING JIAOSHI DE SIKAO YU XINGDONG

幼儿园班级管理：
反思性教师的思考与行动

北京师范大学出版集团
BEIJING NORMAL UNIVERSITY PUBLISHING GROUP
北京师范大学出版社

图书在版编目(CIP)数据

幼儿园班级管理：反思性教师的思考与行动 / 谷瑞勉著. —北京：北京师范大学出版社，2016.8(2023.10 重印)
（幼儿教师必备基本功丛书）
ISBN 978-7-303-20934-7

Ⅰ. ①幼…　Ⅱ. ①谷…　Ⅲ. ①幼儿园－班级－学校管理
Ⅳ. ①G617

中国版本图书馆 CIP 数据核字(2016)第 165088 号

图书意见反馈　gaozhifk@bnupg.com　010-58805079
营销中心电话　010-58802181　58805532
编辑部电话　010-58808898

出版发行：北京师范大学出版社　www.bnupg.com
　　　　　北京市西城区新街口外大街 12-3 号
　　　　　邮政编码：100088
印　　刷：北京天泽润科贸有限公司
经　　销：全国新华书店
开　　本：787 mm×1092 mm　1/16
印　　张：12
字　　数：210 千字
版　　次：2016 年 8 月第 1 版
印　　次：2023 年 10 月第 4 次印刷
定　　价：30.00 元

策划编辑：罗佩珍　　　　　责任编辑：郭　瑜
美术编辑：陈　涛　焦　丽　装帧设计：李尘工作室
责任校对：陈　民　　　　　责任印制：马　洁

作者简介

　　谷瑞勉，美国乔治亚大学幼儿教育博士。自1985年起专职从事幼儿教育工作，曾任台湾屏东大学幼儿教育学系专任教授、系主任以及美和科技大学儿童服务系教授等职。学术专长为幼儿园课程与教学、班级管理、绘本应用与语文教育、幼师专业发展、幼儿园辅导等。在台出版的主要著作有：《幼儿园班级经营：反省性教师的思考与行动》（简体字版由北京师范大学出版社出版，书名《幼儿园班级管理：反思性教师的思考与行动》）、《幼儿文学与教学》、《第一年教学：新手幼儿教师的专业发展》、《幼教课程模式》（合著）。译作有：《鹰架儿童的学习：维高斯基与幼儿教育》（简体字版由南京师范大学出版社出版，书名《鹰架儿童的学习：维果斯基与幼儿教育》）、《教室中的维高斯基：中介的读写教学与评量》、《鲜活的讨论：培养专注的阅读》、《幼儿团体游戏》（合译）等。另发表幼儿教育相关学术论文多篇。

作者序

"班级管理"是一种经营班级集体的科学与艺术，是教师每天置身教室中所要面对的最主要的挑战和工作：在忙乱而复杂的教室现场中，教师不断经历着无数的两难与困惑，却必须马上做出最恰当的选择与决定。这样一个真切而又重要的经验主题，永远值得正视和精益求精。

班级管理的重要性从未消减，但它不是制式的反应、步骤的遵循，也没有一成不变的处方可以依循；而是在面对复杂教学情境时，多方面地准备思考与反思修正的结果和行动。更重要的是，其出发点以尊重引导为主，以培养自主学习、解决问题为目的，而不只是管教幼儿和要求幼儿顺从。因此，本人将本书命名为《幼儿园班级管理：反思性教师的思考与行动》，想呈现的是一名具有反思能力的幼儿教师，在管理自己班级时的思考与行动，强调以民主引导为基础的管教。教师在这样思考修正的持续行动中，能逐渐认清班级集体、幼儿需要和自身的能力，进而产生更高品质的行动。

本书第一版原分为三个篇章，第二版修订为十章。第一章至第二章是有关班级管理的相关理论与研究，强调以研究发现和幼儿发展特性为基础的幼儿园班级管理；第三章至第七章从相关影响因素、各种角度层面及策略运用来探讨"引导性"的班级管理实务；第八章至第九章聚焦于教室中幼儿行为的培养与辅导；第十章是反思性教学的应用。每章的最后都会提出几个问题供读者综合所知、讨论思考。此外，第三章至第九章另外加入教室现场案例，这些案例虽然未必是"最佳实践"，有些还是负面的做法甚至有争议性，但都给了读者思考批判的空间，可激发其互动讨论，同时提供改进修正的机会。

本书在出版十五年后，做了第三次修订，除依第二版之结构内容进行增删和调整外，亦加入近年社会变迁对班级管理影响的元素，如教师搭档、多元文化教育、少子化混龄教学等。教学需要不断积极的反思与行动，期望本书仍能一如既往地帮助幼儿教师加强对班级管理的了解，提升班级管理实践能力。在此也对提供照片的幼儿园及心理出版社一并致谢。

谷瑞勉

目 录

第一章 幼儿园班级管理导论

对于幼儿教师而言，"班级管理"是每天必须面对的事情与责任，这是教师在一个班级内运用智慧，借助各种方法将幼儿带向良好社会化和学习的过程。这份工作其实包含了教学的许多范畴，肩负的责任不轻，要把来自不同背景、已有个人习惯的幼儿，教导成既喜欢学习、心理健全、融入团体、规矩适中，又能保留幼儿天真美好特质的状态。从上幼儿园的第一天起，幼儿的发展与成长、行为与学习，就全部依赖于教师管理这个班级的思想与行动中。因此，幼儿教师有必要深入了解这个重要领域的理念策略，采取有益于幼儿的适当行动；而它的复杂多变性，也让幼儿教师必须持续不断地去探索和接受挑战。

第一节 班级管理的定义与目标

"班级管理"是什么？历来有许多学者对其下了定义，列举如下。

方炳林(1979)：班级管理是教师或教师和学生共同合作处理教室中人、事、物等因素，使教室成为最适合学生学习的环境，以便于达成教学目的的活动。

朱文雄(1989)：班级管理是教师管理教学情境，掌握并指导学生学习行为，控制教学过程，以达成教学目标的技术或艺术。

张秀敏(1998)：班级管理是教师有计划、有组织、有效率、有创意的管理一个班级的过程。在这个班级中，学生能快乐有效的学习，并有好的行为表现，学生潜能充分的发展，教师也能发挥专业理想并得到工作上的满足，让教室成为师生都喜爱的地方。

Kounin(1970)：班级管理是教师借着与儿童的互动，影响儿童之教室行为和学习习惯的过程。这种师生关系，主要面对的是一群儿童的团体生活。儿童来自不同的家庭背景，有不同的需要、困难与成熟度，形成一种教室内的动力文化，老师必须对儿童及这种文化做回应，并找到最合适的方法教导他们。

班级管理也被定义为低程度的冲突及干扰行为、顺利地从一个活动转换到另一个活动、尊重的沟通和问题解决、强烈兴趣和专注于活动上，以及教师对学生的需要具备支持性与回应性(Pi-anta，2003)。有效的班级管理是积极避免而非消极回应干扰的行为，不只要求学生顺从，还要能有效工作、预防干扰、介入不当行为、提供有意义的学习活动，以及鼓励学生最大限度地参与。

从以上定义中不难发现，班级管理是一个复杂、具有挑战性的工作。这个复杂工作的目标，狭义而言，是要求良好的秩序，以利活动的进行；广义而言，则不只是管理好幼儿或减少违规行为，而是要能有效促进幼儿的参与学习，培养幼儿解决问题、自我了解、负责任和自我控制的能力(McCaslin & Good，1992)。依此，本书作者对"幼儿园班级管理"的定义是："**不只是掌控秩序或管理行为，以使老师能顺利有效地进行教学活动而已，更要借着对幼儿的充分了解、不断反思修正、与人互动、妥善规划环境及课程等各方面，引发积极的教与学的关系，并促进幼儿行为、学习、心理和人格的健全成长与发展。**"

第二节　班级管理的内涵与范围

班级管理曾被认为是教学的先决条件，先要有管理良好、上轨道的班级，教学才能顺利进行。曾有人怀疑班级管理是否有单独加以探讨的必要，也有人认为教室里没有班级管理(或秩序)的问题，只有课程好坏的问题。事实证明，即使教师呈现课程盛筵，班上还是会有不想学、不愿学、表现出问题行为、为班级带来困扰的幼儿，这类班级管理的问题是层出不穷的。后来班级管理逐渐被放在教学的核心，不再被视为是次要的因素（Doyle，1986）。班级管理就是课程的一部分，在进行教学的同时也在管理班级；没有良好的班级管理基础，教学活动很难进行，这是教室里的真实面貌。

综观教室内大部分会引起教学困扰和低学习效率的行为，都与幼儿的注意力、拥挤与否、如何掌握和完成活动有关。因此，班级管理的关键在于，要观察幼儿在教室情境中所做的事，好据以做出适当的回应与处理；此外，随着时代的改变，以往"控制"的观念已逐渐被"管理"所取代，班级管理重视幼儿的投入与专注，不再完全以有无不当行为来论断；且打骂责罚无法产生积极、有意义的学习，唯有培养参与活动、民主思考、独立自主、解决问题的习惯，才是班级管理的主要方向，也是民主教育的正轨。伴随这种理念的形成，使教师对影响班级管理因素的了解扩展到更广的领域，从多角度来关注幼儿的学习，并提供更适宜、周详的辅导。

一、班级的特性

班级管理强调"班级"这个团体的因素，因此不能忽略对教室特性的了解。教室秩序和功能的运作，要靠教师借着组织教室团体、建立规则程序、处理违规行为以及修正学习事件等方式来进行。为达到教学和管理的目的，教师应考量环境的特性和策略的运用。

若从"生态系统观"来看，班级团体是由在其中的"学生"和"环境"交互作用而产生的"生态系统"（Doyle，1986），这个系统具有以下六种特征，是教师每天要面对的课题。

第一种，范围的广泛性：指教室内的事件与工作种类繁多，必须设法满足不同幼儿的需求与兴趣。例如，学习计划、纪录、材料都需准备，各种问题必须随时处理等。

第二种，同时性：指在教室内许多事情同时发生，教师在指导个别活动时，仍需注意其他临时事件的出现，并提供协助、规范活动的进行、处理干扰和掌握时间进度等。

第三种，立即性：指教室事件的快速发展，教师面对幼儿的问题时，必须立刻做决定，提供协助，处理困难；而且所面对的问题快速、复杂，往往使教师在行动前很少有机会停下来思考。

第四种，无法预测性：教室事件的发生往往在意料之外，有些问题是一起发生的，无法用单一的方式去分析处理。

第五种，公众性：教室是公众场所，教师的所作所为在幼儿面前一览无遗，如果教师的处置不当或判断错误，幼儿学到了这些做法，不当行为将会继续扩张。

第六种，历史性：指班级在长期共存中累积某些行事的惯例和经验，可作为活动进行的基础和依据。同时，一个班级也受其他各种因素影响，因此，任何活动计划都应将这班级里广泛的历史性因素列入考虑范围。

另外，勒温、利比特与怀特(1939)以及陈奎熹(1990)等所强调的"社会体系观"，则将班级当作一个"社会体系"，其中的班级气氛会形成学习的交互作用，并呈现团体动力。从个人向度而言，学生在班级中所表现的行为，受个人的需求、动机与态度影响；从社会向度而言，则受其所受到的角色期望所影响；两个向度交互作用，决定了班级成员的行为表现和班级气氛。由此可见，师生间的相互关系和教师的身教对班级管理的影响和重要性。

"班级历程观"则指出班级有六个层面的团体历程(Schmuck & Schmuck，1988)，相互之间有恰当的关联，才会形成好的学习环境，否则将造成以下学习困境。

• 教师是否对学生有合宜的期望？
• 教师的领导是否恰当？
• 教师与学生是否对班级凝聚了向心力？
• 教室能否引发学生高度参与学习的活动？
• 班级成员与教师间是否有良好的沟通？
• 班级成员间如何面对冲突，以调整修正目标和做法？

在我们面对班级管理的问题前，需能对班级的特性和形成良好学习环境的条件有一个概括的了解，才能确定着手的方向。

二、班级管理的范围

班级管理的主要项目，由上述的特性分析和几位学者的归纳大约可分为：行政管理、课程管理、常规管理、教室环境管理等方面(朱文雄，1989；吴清山、李锡津、刘缅怀、庄贞银、卢美贵，1990)。Doyle(1986)发现要维持有效的班级管理，教师通常会兼顾下列范围。

• 秩序(order)的要求与达成。
• 教室生活的组织、活动与师生行为、空间设备。
• 教室情境(context)的特性，包含活动。

- 对幼儿不当行为的认识与辅导。
- 其他相关因素的觉知与克服。

谷瑞勉(1997a)整理归纳出影响班级管理的相关因素(图1-1),其中包括受到环境和个人因素影响,范围则包含保育工作、人际关系、亲职沟通、行为辅导和教师自省沟通等部分,可见班级管理的内涵范围很广,从规则制订、课程安排、环境设备、教师理念、人际关系、保育工作、对幼儿的学习发展与行为辅导,到特殊行为问题的处理等工作都属于。教师在这些范围领域中的想法与做法,往往影响了整体班级管理的执行与效果(黄政傑、李隆盛主编,1993;简楚瑛,1996a;Doyle,1986)。教师在班级管理实作过程中,如能具备充分的"班级知识",清楚觉知各种问题和影响的来源,有能力去面对、了解、克服和化解,则能有效地管理其班级,提供幼儿最好的学习。

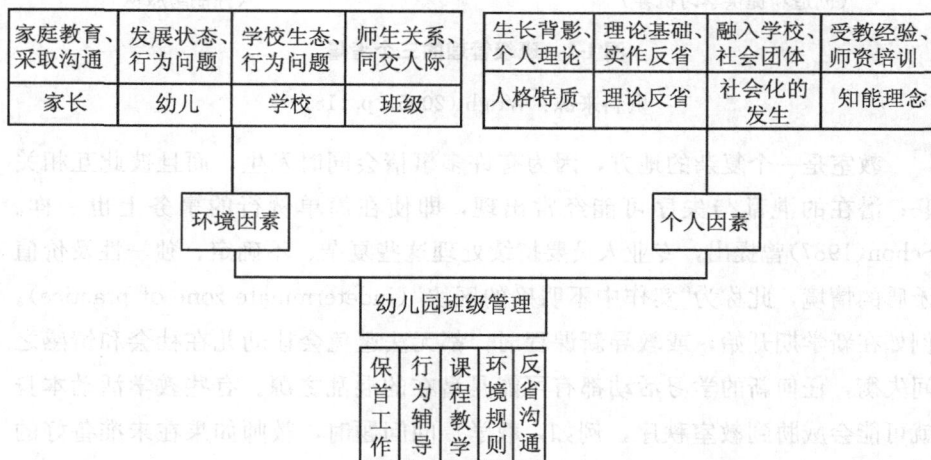

家庭教育、采取沟通	发展状态、行为问题	学校生态、行为问题	师生关系、同交人际	生长背影、个人理论	理论基础、实作反省	融入学校、社会团体	受教经验、师资培训
家长	幼儿	学校	班级	人格特质	理论反省	社会化的发生	知能理念

环境因素　　　　　　　　个人因素

幼儿园班级管理

保育工作	行为辅导	课程教学	环境规则	反省沟通

图1-1　幼儿园班级管理相关因素影响关系图

资料来源:谷瑞勉(1997a)

三、班级管理的考量

班级管理中有三个主要的考量(Wright,2005):建立与维持教室秩序、提供学习机会、创造关怀的脉络情境。三种考量的关联(图1-2)在任何教室活动中都会出现,会包含其中之一或全部。

班级管理要涵盖建立及维持教室中的"秩序";秩序并非单一的概念,而是一个光谱。一端是来自社会和学校机构对管教(discipline)幼儿符合严格标准的要求;另一端则是相信幼儿可以自我控制来维持秩序的共识。管理实作会有倾向于从强迫力量，到从商议中达成目标的差异，这是对维持秩序的观念上的主要不同。从心理学、社会学的观点而言，班级管理是处理不确定的问题而非不良行为。教室如能让幼儿觉得更安全或确定时，就比较会有好的秩序，师生都需要有这种共享的安全感（Prabhu，1992，p. 229）。在这种的情况下，师生行动都朝向创造及维持秩序，就比较能避免不可预测性所造成的混乱。

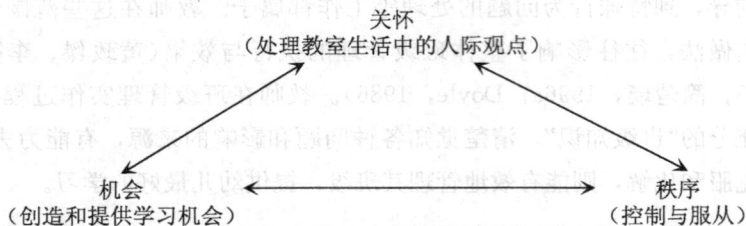

图1-2　班级管理的三个考量

资料来源：Wright（2005，p. 116）

教室是一个复杂的地方，因为有许多事情会同时发生，而且彼此互相关联；潜在的混乱与失序可能经常出现，即使在简单例行的事务上也一样。Schon（1987）曾提出，专业人员要持续处理这些复杂、不确定、独一性及价值矛盾的情境，此称为"实作中不明确的区块"（indeterminate zone of practice）。例如在新学期开始，或教导新课程时，都无法避免会让幼儿在社会和情感之间失衡，任何新的学习活动都有可能是潜在的混乱之源。有些教学活动本身就可能会威胁到教室秩序，例如，教学、问问题时，教师如果在未准备好的情况下和幼儿讨论，就可能产生混乱失序。Allwright（1996）说："教室生活有如走钢索的经验，要不断在竞争社会与教学需求之下寻求发明和妥协。"为了帮助学习者学习，教师有必要调整能力，随时准备好去解决及处理问题。

有些人认为过度强调秩序会阻碍学习、会限制幼儿的互动形态；但赞成的人则认同控制与秩序是成功教学的关键，教学只有在教师控制得宜、幼儿循序学习的情况下才会发生，但这也可能过度简化解决秩序的问题（Wright，2005，p. 120）。

"秩序"与"机会"观点之所以不同，在于如何看待"控制"的角色，如果教师认为控制是学习的必要先决条件，他会投入很多精力、时间来维持，幼儿便会在教师严密的控制下进行学习。但"机会"的教室中，把控制看成是一组程序的观点，是用来促进及鼓励学习，包括自我控制。这种教室倾向于开放，对任何事都是多商量、少限制和少直接教学。

Jones 与 Jones(2004)曾说明班级管理策略有如一个光谱,人际或关怀在一端,教育与秩序在另一端(图 1-3);这也可用预防与纠正的组合来说明关怀是用于预防及处理困难的情况,秩序则是当纪律被破坏时所用的纠正方法。他们认为,创造教室中的正向关系是班级管理必要条件,让学生感受到安全和自主是很重要的,如果缺乏这些,就必须加强教导关怀、沟通技巧和民主原则。"关怀"的教室会重视商议性和协同合作的活动技巧,无可避免会与现存秩序的实作有所冲突,也挑战了强调秩序的教育实作。

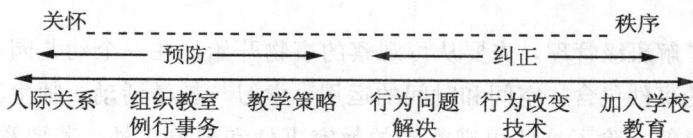

图 1-3 班级管理策略的光谱

资料来源:Wright(2005,p.128)

四、幼儿园班级管理的特点

除了上述教室本身的共通性之外,幼儿园班级管理的内涵,更具有下列特点。

第一,幼儿发展、能力的特点因素:幼儿各种能力尚在发展中,差异极大,教师只有对幼儿发展与辅导方法深入了解,才能胜任对个别及团体幼儿的辅导。如果连个别幼儿行为都无法应付,更谈不上对整个班级的掌握。

第二,保育工作的比重与影响:幼儿的生理、心理均在成长中,初融入团体生活与开始正式学习的过程中,常遇到不适应与困难,教师无法完全以理性的教导为之,必须运用更多的策略和耐心方能引导成功。保育照顾与教学同等重要,也增加了幼儿园班级管理的复杂性和挑战性。

第三,幼儿园本身发展需求与教学的影响:目前幼儿园仍以私立居多,为了招生,各园所往往以强调才艺教学吸引家长,以致教学目标、活动内容与教育方式等都随之受影响而改变,对班级管理造成直接或间接的影响。

第四,与家长、同事间人际因素的影响:幼儿园是幼儿初次接受正式教育的开端,家长对幼儿教育的理念、关心和介入参与的程度对班级管理影响很大。而且许多班级是由两位教保服务人员共同带领,包括一名幼儿园教师与一名保育员,两人之间的合作关系和理念实作差异,多少会对班级管理和教学造成影响(江丽莉，1997；谷瑞勉，1997a)。

第五，引导重于管教：幼儿教育最主要的不同在于，在"行为教育"的领域中，幼儿园强调的是"引导"而非赏罚(Gartrell，1997)，与传统强调对幼儿严加管教的做法有极大的不同。

基于这些复杂特殊的范围与需要，幼儿园的班级管理需要独立的研究和探讨，解决方式也与小学以上的做法不同。

第三节　班级管理的研究与发现

想要了解班级管理，先要从可观察的事物开始，在一个幼儿园的教室现场可观察的事件包含：空间和时间的运用、学习与教学活动、师生互动形态及教室气氛等。除了这些可观察到的教室事件和现象之外，若要深入了解，还需要进入文化、社会、情绪、心理等内在层面，才能充分反应班级管理的具体内涵(Wright，2005)。班级管理主要与四种教室生活有关：空间、时间、参与及投入。前两者对教室生活有很大的影响力，牵动教师的课程安排与活动设计；后两者是情感领域，也是班级管理的核心，参与者如何投入学习活动是教室生活的重要过程，而这种对人的管理也是教师班级管理的主要工作，包含了秩序与引导。总之班级管理是涵盖了多层次活动，包含个人和社会许多因素交集的现象。

历来有三种班级管理的研究，有助于我们对教学过程及统整教学知识方面的了解(Brumfit，2001)。

第一，纯研究：对不熟悉领域的探究，能增加我们对教室不确定性的了解，将知识重整，建构一个对班级管理领域工作的认识。

第二，行动研究：让教师了解自己教学的发展。

第三，政策导向的研究：修正或评估正在执行的政策的效果，产生的信息可供政策修订使用。

班级管理的主要研究形态也有三种(Wright，2005)。

第一种，处方型：研究重点是初步了解教育实作，让政策决定者或学术单位去修正理论，也供教学处方参考。这种研究经常是下达政策或想法让教师运用，同时也让新想法在特殊情况下得以实验。

第二种，描述型：重点在描述教室生活，能为班级管理奠定良好的基础，其做法多是俗民志的传统。这种研究从工作现场所提供的细节信息与事实，让生态取向的研究有更多发现。

第三种，了解与解读型：要了解教室事件为何如此发生，研究需超越描述，更深入了解加上理论性知识，有些社会文化方面的研究即可达成此目的。

　　这三种研究传统交互作用，提供了有关班级管理的丰富内容和知识基础。教育研究在传统上都是由专业研究者来执行，以致与实作者之间不易找到共识，也造成理论与实际统整的障碍与鸿沟。近年班级管理的研究已是科际整合、协同合作的趋势，因为班级本身的特色即是如此。

　　对于班级管理的研究，国内外已有数十年丰富内涵的累积，简要整理发现如下。

一、班级管理的研究历程

　　班级管理是复杂的认知思考、信息处理及反应决定的过程，其中呈现出教师的了解和技巧、认知与行动。早期教师的班级管理都是经验的累积和反应，但班级管理多年来在教室内进行研究，逐渐建立了丰富的教师思考与决定的知识蓝图，有助于了解教师的认知过程和运作情形。

　　20世纪60年代到70年代，国外对班级管理曾有大量的研究，强调对幼儿的教育和对幼儿犯错后的处理，有不少辅导策略的发现与运用，例如，格拉赛尔（Glasser，1990）、德瑞克斯（Dreikurs，1968）以及戈登（Gordon，1989）等人的辅导模式。后来行为改变技术和 Canter（1976）的肯定纪律训练，多以教师控制（control）的方法来处理不当的教室行为，这些都是以辅导和控制取向为主。20世纪70年代末则倾向强调教师如何预防和回应学生的不当行为，研究设计要确定某些教学或班级管理策略的实验处理是否有效，形成后来教师效能（teacher effectiveness）的研究主题，其重点在探讨以下几点。

　　第一，教师组织和管理班级的活动：如 Kounin、Brophy、Evertson 与 Emmer（Emmer，Evertson，& Anderson，1980）的研究发现，强调教师借活动安排与环境组织的特点来掌握班级管理。

　　第二，教师呈现教学材料的技巧与教学方式，对学生学习形态的回应：包括 Hunter 等人的研究，即所谓过程结果研究（process-product research），将教学因果做比较与对照，宣示良好的课程足以导引常规。

　　第三，师生关系：教师期望对学生行为的影响及自我观念的形成，主要如 Brophy 与 Good 等人的研究。强调教室内师生关系对班级管理的影响。

　　这些研究所提供的信息将在下列各章中讨论，可供教师在班级管理上的依据和反思，教师们也因具备这些能力和较好的训练，成为比较有效能的教师。但这些研究与应用也曾显示了孤立应用策略的缺失，以及无法应付复杂班级管理问题需求与挑战等问题，而需要再做更深入的探讨。

到了20世纪90年代后的班级管理研究，开始重视对专业能力充分了解的正确决定、配合预防性的管理策略、正确的教学方式和适合发展的引导，反思性思考的作用和持续性反思修正也更加重要（Schon，1987）。专业发展的研究也建议教师，做好班级管理需要坚实的理论理解与策略实作，不能忽略下列因素技巧和有效能的班级管理之间的关系（Jones & Jones，2004）。

一是班级管理需建立在对新近研究与理论，以及幼儿心理与生理需求的了解上。二是班级管理有赖建立积极的师生与同侪关系，并符合幼儿基本的需求。三是班级管理需要运用提升全体与个别幼儿学习的教学策略。四是班级管理需要运用组织与团体管理的方法，来强化幼儿专心的学习行为。五是班级管理需要运用广泛的辅导咨询与行为改变的方法，来纠正幼儿不当的行为。

对班级管理的研究，从早期"过程—结果"的实验研究对变项、预测等因素的重视，转为偏重教室的复杂性与个别性的"描述性"和"建构性"的研究，近来更重视镶嵌在环境脉络中的班级事件的表征与诠释（谷瑞勉，1989；柯华葳，1988；单文经，1994）。此趋势显示对个案知识和教师专业能力的重视，也体认班级管理能力需要时间和反思去建构，不只是靠理论知识的吸收应用而已。

以往班级管理多以心理学与辅导的理论为基础，在了解班级管理的复杂性、问题的多样性后，也逐渐将其他学门的理论，例如，哲学、社会学、人类学、病理学等借用过来，以补心理学领域的不足。近年以"科际整合取向"（颜火龙、李新民、蔡明富，1998），从其他学门找到运用的资源和从多角度探讨问题，对班级管理的深入了解和问题解决更为有利。

二、幼儿教育理论的发展趋势

幼儿园的班级管理和幼儿管教的哲学理念有关，如何教育幼儿可追溯至幼教哲学中"引导取向"（guidance approach）（Gar-trell，1997）的教育。引导的实作是指适性发展的、积极回应的教育，以减少问题、创造积极的学习为目的。在幼儿教育和教育哲学上，自裴斯泰洛齐（Pestalozzi）、福禄倍尔（Frobel）以来，皆相信幼儿性善，如有不良行为乃是受了负面经验的影响，甚至有时是教育者所造成。到蒙台梭利"有准备的环境"，将幼儿视为积极学习的个体，幼儿会从学习环境中学会自律（self-discipline）。20世纪，杜威和其他教育学者、心理学家越来越倾向于不从道德的角度（好与坏）看幼儿，而视幼儿为一个积极发展潜能的个体，有表现各种行为和发展的可能。幼儿教育家提倡教室应是对幼儿支持的环境，他们需要可了解的、一致性的限制，因此对幼儿有所期望也要符合他们的能力。教师应对幼儿不当行为的原因有所了解，并适当运用各种策略以鼓励他们自我约束和控制的能力。皮亚杰曾视教室为"实验室"，在此不断修正、教导和学习民主，这些理念都加深了"引导"观念的深度。接下来，Dreikurs 与 Ginott 的想法又提供了重要的贡献：前者的错误目标行为分析对后来不当行为的定义有更清楚的澄清，后者则对引导式的语言有深入的研究与阐述(许丽美、许丽玉译，2001)。整体而言，这种引导性的教育理念包括了：示范、鼓励期望的行为、重新引导幼儿从事符合期望的行为、设定清楚的限制等做法。但是这个引导启发性的观念并不容易被接受，如果教师只重视幼儿的学业准备，幼儿园成为小学的先修班时，引导理念就会受到怀疑。为了追求学业表现，教师不得不使用处罚，时间长了将发现，除了会产生副作用外，幼儿的学习结果也未必良好。因此，教师们常会在两者之间产生矛盾和挣扎。

幼儿时期的教养与教育会影响其一生的成长与发展，除了家庭的功能，学校要负很大的责任。近年来的新经济时代，要求个人生存发展所需的技巧，已不同于过去工业时代的需求；彼时强调的是服从、奉献、坚持，但21世纪更重视创新、启动、个别化与自我控制。如果要培养幼儿这些能力，必须重新思考不同的教育和教养方式，把焦点放在预防冲突与干扰，而不再只是消极管理或惩罚不当行为(Fisher，2003)。今日希望教幼儿的是负责任、自我控制、问题解决及做决定，而外控与顺从已不符合21世纪的价值观了。因此需检视培养幼儿新角色的策略，其中包括创造积极的教室环境、建立教学的程序与规则、预防错误行为及教导如何自我控制；还要能发展一个互动的机制，能强调自我教导、训练，而非赏罚。这是强调基于责任感的教导系统，教导幼儿成为主动及自我规范的学习者；教师的工作不是控制而是教导，不是要求而是影响。

引导式教学的六大原则是(Gartrell，1997)：
- 教师明白社会技巧非常复杂，幼儿需要时间学习。
- 教师在教室内应尽量减少让幼儿产生不当行为的机会。
- 教师应多演练积极的师生关系。
- 教师所运用的介入方式应是解决问题道向的。
- 教师应与幼儿家长建立良好合作关系。
- 教师应与其他成人合作进行教学。

引导性教学方式符合民主和人性化要求，在幼儿园班级管理上产生重要的启示。至于我国幼儿园班级管理的实作，则因为时代、社会和家庭结构的改变，早已不再是一味要求幼儿服从听话的教养方式，教师和家长已能接受民主启发的教养原则。但另一方面，也因少子化趋势而对幼儿更加宠溺，教养的迷思日益严重，充斥市面的以课业才艺为主的幼教潮流，也与引导启发的理念背道而驰。这是我国幼教所面临的问题，为幼儿建立有益成长发展的环境与教养方式，是教师责无旁贷的责任。

三、班级管理的研究发现

在班级管理研究的文献上发现，教师在教室内对学生的安排与组织、与个别学生的互动、处理不当和干扰行为，都与活动的安排和物理环境的设计有关(Doyle，1986)。学业活动的内涵要能吸引学生的注意力、信息处理方式及参与合作的态度；如果是适合学童、能被了解和依序完成的课程，学童较会参与(Kounin & Gump，1974)。妥善安排课程有助于维持秩序，而公开讨论、团体建构活动及音乐体能活动的形态，则较易造成分心；"个别教导"方式最能减少分心行为。良好秩序的养成须重视学期开始的运作(谷瑞勉，1998；Emmer et al.，1980)，其中包括规则、程序和例行事务的建立与制定，有效能的教师将这些统整为可实施的系统，清楚地教导给幼儿。一旦有效建立这种活动系统，幼儿有明确的行事依据，会维持良好的秩序，教师也有较多时间辅导幼儿，进行较高层次的心智活动。

有效管理是在一个安全、正向、支持的环境中，借提供刺激和参与的学习活动，允许学生充分发挥；这是多方面的要求，需要组织策略、教学策略和行为策略来达成。近年发现，好的班级管理与增进学习有关，有效的行为管理能促进学生的学习兴趣(Kunter，Baumert，& Koller，2007)，教师花太多工夫管理学生行为，反而会减少教学的时间(Weinstein，2007)。无效的班级管理会干扰教学，更会干扰幼儿发展和学科成就，若缺少教师持续对于适当行为的支持和结构，学生就容易分心和产生干扰行为(Jones & Jones，2004)、会有负面的师生互动(Conroy，Sutherland，Hay-don，Stormont，& Harmon，2009)，进而导致行为问题(Webster-Stratton，Reid，& Hammond，2004)。不良的班级管理也与学生长期的负面的学业和社会行为有关(National Research Council，2002)；相反，一些重要的学生表现也与有效的班级管理有关(Gable，Hester，Rock，& Hughes，2009)。

班级管理的范围大致可归纳为四大类：教室结构、师生关系、教学管理、对适当行为及不当行为的回应。在教室中要将这四类因素交互应用以达到最好的结果，其实施范围包括：预防、增加适当行为及减少不当行为等策略。教室结构指教师指导活动的数量、定义、期望、例行事务及教室物理样貌等；层次越高，就越能促进学生适当的社会和学习行为，像增加注意力、友善的同伴互动和较少的侵略性等（Huston-Stein, Friedrich-Cofer, & Sussman, 1977）。教室中的教师教导和学生自发的活动如能平衡，也比较能促进学生的自我控制（Doll, Zucker, & Berhm, 2004），为达此目的，教师需管理好教室例行事务、维持适当监督，以及掌控事情因果。

对幼儿的行为管理牵涉教师某个时间在教室内，对行动、行动者和当时环境的复杂判断，其注意力和修正能力是班级管理的中心技巧（Kounin, 1970）。教师能否察觉班级事件、与幼儿沟通、同时注意教室发生的事情等，都显示需在信息处理和做决定方面高效率的表现。教师对环境中的人际互动影响也要有妥善的回应（谷瑞勉，1997a），才能化阻力为助力，在班级管理上产生积极的力量。

在有关常规培养与班级管理策略方面，发现教师大约有以下几种策略：权威、行为改变、常识或食谱式、团体程序、指导、放纵及社会感情气氛等（Goldstein & Weber, 1981），以及自我引导和自我控制的策略等（谷瑞勉，1995；Manning, 1988）。在幼儿教室行为管理方面，也陆续发展出各种方案与模式，大体是以人文化、民主化、生活化和社会化的目的为基础，兼顾纪律的训练和行为的陶冶，在自由活动中养成有规范的行为和民主的性格（王连生，1986；金树人译，1994）。

班级管理对幼儿教师而言是持续的挑战，国内的研究包括从初任教师和资深幼儿教师班级管理的比较、优质管理经验的整理（谷瑞勉，1989，1997a，1999a）、实习教师的困扰与学习（江丽莉、钟梅菁，1997；陈雅美，1996）及实际建议（简楚瑛，1996b）等，都可供参考。幼儿教师班级管理的认知思考和专业发展的研究（谷瑞勉，1999a；谷瑞勉、张丽芬、陈淑敏，1996；许静茹，2001；陈国泰，2003），也有助于促进教师的自我了解、实作考虑与知能管理。幼儿教师无论年资、经历，都要面对班级幼儿、教育及社会环境的变迁，唯有不断反思、发现问题、寻求解决、调整做法，才能在班级管理上精益求精，为幼儿提供最好的教育。

本书从第二章起，将从了解幼儿发展开始，从不同角度探讨幼儿园班级管理的相关议题。并从第三章起，在每章章末加入幼儿教师的实践案例，其中有班级管理成功的心得分享、失败的处理检讨，也有供思考的纪录。每章最后再提出若干问题供讨论和反思回馈。书中在讨论各主题时，尽可能兼顾理论与实践的印证，激发阅读、讨论和思考，以期促进幼儿教师班级管理的知识实践与专业发展。

问题与讨论

1. 回想你的老师、父母以前是如何教育你的？他们最重视什么价值？哪种价值观影响你的童年或现在的行为思想？对你班级管理的理念有何启发？

2. 检验你自己是个怎样的人？如何反映了父母、老师对你的教养方式？

3. 观察一位幼儿老师在面对一个幼儿、一组幼儿和一班幼儿时的态度和方法有何不同？成效如何？以及他为何这样做？

4. 当你在管理一个班级时，能否理解你自身的理念、做法的渊源？这些理念与你过去所受教养与后天的学习了解有何关联？

5. 你对幼儿园班级管理的了解有多少？从观察一位幼儿老师的班级管理实践中，你是否看到他的哪些特质及可能受到的影响？

第二章　幼儿发展特点

　　在进行班级管理及实施教育或辅导策略时，对幼儿的发展能力与兴趣应先有深刻的了解，才能安排适当的环境与课程，对幼儿提出恰当的期望和规范。如果幼儿有困难、做不到，教师也应知道原因，才会有接纳的态度和应对处理的方法。幼儿发展范围包括：道德、社会、学习、认知、人格气质、环境因素、家庭教养、性别及生理发展等方面。本章将就幼儿发展各领域的特点做一回顾，并说明其对教师班级管理可能产生的意义和影响，最后并简要讨论如何收集运用幼儿发展与活动的资料。

第一节　幼儿发展特点影响班级管理的运作

　　幼儿在教室中的心理和行为表现，与其发展状态密切相关，下面将从几个领域举例说明其对教师的班级管理可能造成的影响。

一、道德发展

　　科尔伯格(Kohlberg，1963)认为，道德发展经历三层次、六时期的道德判断层次，个人若要达到较高层次的道德发展，必须具有较高水准的认知层次

15

才行；道德发展和认知发展、逻辑思考和观点取代的能力是并行发展且关系密切的。幼儿所处的是第一阶段的"道德前层次阶段"（preconventional level of morality），即"处罚—顺从"（punishment-obedience）层次，发展年龄为 4～6 岁，其间道德判断是依据外在或身体的标准，所做的决定乃基于行动会有何种身体的结果？将会受到赏或罚？而较少涉及动机和意图方面的考虑。这个层次又可细分为：时期一，以处罚和服从为本位，行为对错的标准是依据是否受到惩罚为主；时期二，天生的享乐原则，所谓对的行为包括满足自己欲望与需求的行为，偶尔也满足别人的，则属于报偿性或为了有利回报而遵守规范。虽然 Kohlberg 认为道德判断是独立于道德行为之外的，属于道德的认知层面，仍可作为教师据以了解和辅导幼儿的参考。

二、社会发展

布朗芬布伦纳（Bronfenbrenner，1979）的"社会互动理论"是强调以社会互动来获取社会知识的观点。幼儿是环境中的一分子，是社会环境中的"行动者"（actor），他们主动探求社会知识，而不只是在社会环境中被动的吸收知识而已，因此好的周围社会环境对幼儿发展是较有利的。此外，他的"发展生态系统论"（Ecology of Development）认为，影响个体行为发展的，是由四个由内向外形成的环境所组成，包括：微系统（microsystem）、中间系统（mesosystem）、外系统（exosystem）、大系统（macrosystem）。

每个系统都为幼儿提供了潜在的发展机会，但若系统出了问题，则也可能成为造成发展危机的来源（图 2-1）。最中心的一环是"微系统"，是指与发展个体最贴近、有直接接触的环境，例如，家庭、幼儿园、伙伴团体等都是。这个环境可以直接影响幼儿行为的表现，如果微系统有损坏的话，例如，缺乏父母照顾，就会变成发展危机的来源，而这与家庭中父母所提供的监督和教养的质量有关。帕特森（Patterson，1982）即发现，缺乏父母监督与幼儿的反社会行为之间有显著的相关。向外一环的"中间系统"所代表的是幼儿身边各个微系统之间的互动与关联，例如，幼儿园与家庭的互动，评量此一系统的好坏要看两者之间互动的数量与品质而定；好的家园关系，是提供幼儿认知与社会发展的最重要机会来源（Garbarino，1982），如果这一环很弱，幼儿就会挣扎在各种价值观的混乱中，无法完全发挥其潜能。再外一环是"外系统"，包括了较不会直接与幼儿互动，却可能影响其微系统和中间系统好坏的范围，例如，父母的工作机关或社会结构若支持他们的育儿考虑、提供育儿服务，像是允许父母请假去照顾生病的幼儿，对幼儿而言就是一个好的外系统。最外一环的"大系统"则是指一个文化里的意识形态和风俗习惯，如果一个社会充满暴力、色情、贪婪，对发展中的幼儿而言，就是一个负面的大系统。大系统虽然离幼儿最远，其好坏却能层层决定其他的微系统、中间系统和外系统的内容，影响其实很大（Zirpoli，1995）。

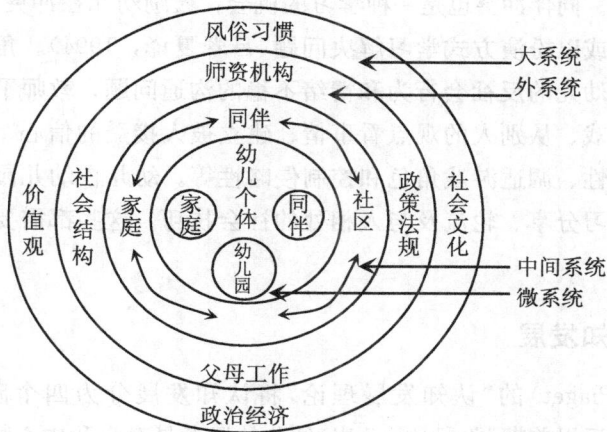

图 2-1　发展生态系统图

资料来源：布朗芬布伦纳（1979）

　　布朗芬布伦纳的"社会互动理论"强调了周围重重环境因素的重要性，对幼儿社会发展产生了直接、间接的影响。幼儿教师除了多了解幼儿所处的各重环境系统的状况，知道是什么在影响他们的成长与发展，并设法加以协助之外，本身对幼儿的微系统和中间系统也具有直接的影响力。至于对最外围两个最重要的环境系统，也可以结合其他社会力量一起监督、共同加以改善，维护一个健全优良的社会文化大环境，让好的社会风气产生作用，才能培养幼儿良好的社会发展。

　　幼儿对自己和周围人的感觉及了解，逐渐形成其社会能力；在人际交往上，会尝试各种与人互动的方法，并观察到不同策略的运用结果，学到如何交朋友和发展社会能力。幼儿的社会行为和沟通能力的发展值得注意，能站在别人立场考量他人的处境和心意的知识能力就是"角色取代能力"，与社会认知有关，会逐渐取代自我中心的主观想法。幼儿在三四岁时，即有知觉性的角色取代能力，而认知性的、情感性的角色取代发展较为复杂，对认知、情绪方面的体会了解和辨识推论，则要等较大了才能发展完全（苏建文等，1995）。因为这些能力的缺乏，幼儿对教师和同伴的心理与需求，较无法敏感

17

的觉知和回应，但这些能力仍可借经验的累积而增加。幼儿园中常见的踢人、打人、咬人、吐口水、抢玩具等行为的产生，可能是因幼儿语言能力发展不足，或不知如何展开一个游戏的缘故（Ramsey，1991），需要多学习沟通和取代活动的方法。因此，教师应多教导说话沟通和提供选择，而不只是加以禁止或处罚而已。同伴冲突也是一种学习的机会，鼓励幼儿在冲突中交换观点，借讨论沟通，或以扮演方式学习解决问题（吕翠夏译，1994）。角色取代能力的培养可减少幼儿的反社会行为和情绪不稳的沟通问题，教师平时可教导幼儿观察同伴游戏、从别人的观点看事情、建立被人接受的信心、具有愿意取舍和交换的弹性、调适游戏角色和控制侵略性等。幼儿在幼儿园的团体生活中才刚开始学习分享、轮流及与人相处的社会技巧，这些都需要教师的协助和教导。

三、认知发展

皮亚杰（Piaget）的"认知发展理论"将认知发展分为四个阶段（Piaget，1950），其中"运思前期"阶段（2—7岁）幼儿的思考具有自我中心特质，无法理解别人的立场；坚持自己想要的东西，有时会表现自私和不为别人着想。在此情况下如果加以处罚，并不能使幼儿变得会为别人着想，反而让他学会了逃避和怨恨（Kamii，1982）；直到幼儿有能力去体会他人，自身也有需要和感觉时，这种情形才会改善。在运思前期，幼儿刚开始发展必要的观念，去了解别人的观点和其他规则与标准的复杂性，一直要到六岁才逐渐发展出内化的约束力，知道不做某些事情不是为了躲避惩罚，而是根本不可以做。教师应调整课程活动以适合幼儿的学习，并帮助幼儿了解别人的观点和学习做决定。皮亚杰认为，个人能做明智、有道德的决定即自主性，而教育的主要目标即是培养这种智慧与道德的自主性。他认为，权威成人对幼儿的自主性发展并无助益，以赏罚来处理行为的对错表现，只会助长幼儿依赖成人管理的"他律性"（heteronomy）。唯有在教师维护保持的公平社会环境下学习成长，才能助长幼儿自主性的发展；教师能做的事包括：协助幼儿制订规则、促进其做决定的能力、用自然产生的人际冲突作为讨论和理解事理的基础、提供支援架构、建立关怀的关系，以及促进合作学习等。

幼儿的认知发展阶段所具备的分析能力和经验都是有限的，这让他们的逻辑理解与成人不同，常有看似违反规则、说谎、自私、不顾别人的行为表现。参考幼儿认知发展的特点可知，这些其实是正常表现。

例一，打破规则。幼儿对复杂的游戏规则可能不会完全遵守，但知道规则是什么；有时只要彼此达成共识，也可改变规则、照新规则行事；从幼儿自己决定的游戏规则中，可以看出他们对社会规则和期望的反应。

例二，不守规则，有时打破规则而不自知。例如，玩大风吹时，会让每个人都有位子坐，而不被判出局，或因想当鬼而刻意被抓。教师若未解释清楚，幼儿不明白为何有些行为可以或不可以被接受，会因不了解而做"错"事。

例三，自私。幼儿并不清楚别人的感觉，只顾从自己的观点和角度看事、做事、满足自己的需求，因而容易和别人起冲突，这时需要教师教导以建设性的方法与人沟通，学习同理别人的感受。

例四，说谎。由不成熟的观点看事情，将事实与幻想混合。当幼儿"认为"那是真的时，其实是"希望"那样。例如，陈述爸爸要带他去动物园，但并无其事而只是希望，教师可以帮助他们区分真实和希望的差别。

如果不了解幼儿的认知特性，教师会误解其行为反应，而做出不当的处理决定，因此教师应了解幼儿的能力与发展。学校课程活动的内容与材料，更应和幼儿的发展能力相配合，且最好是可具体操作的活动。

四、行为学派的学习发展

行为学派的学习观点强调"增强原理"的作用。幼儿尚在他律的阶段，可善用增强物来鼓励他们的恰当行为和学习。除了借增强原理辅导幼儿，下面的学习原理，也能培养幼儿问题解决及自我控制等能力。

(一)古典制约

这种刺激反应的观点源自帕夫洛夫(Pavlov)等人的理论，当两件事在非常接近的时间内一起出现时，旁观者就习得了意义并产生相同的反应，例如，音乐与收拾的联结，幼儿听到教师放某种音乐就是表示该收拾玩具了。人类的行为既然由刺激渐渐形成，就可以控制这些刺激以使行为改变，但仍要重视行为的处理与评估(黄正鹄，1991)。

(二)操作制约

斯金纳(Skinner)认为行为受制于环境，亦受制于增强作用。随意控制的反应既可以加强，也可以消除，这取决于和他们相联系的结果：行为结果如果得到正增强，此行为再发生的频率就会增加，反之，若受到惩罚或负增强，发生频率则会减少。如果人的生活情境中的增强回报效果安排恰当，则生活或行为的调适就可以改进；因此要改变人的行为，可以靠安排增强物，例如，幼儿收拾玩具后，教师用口头表扬或贴纸给予鼓励，幼儿以后将会乐于再表现收拾的行为。

(三)社会学习

个体的行为受认知因素和环境影响的交互作用而成。大部分幼儿的行为可经由示范，或透过对榜样的观察和模仿而习得，学习的对象可以是父母、手足、朋友、电视或媒体等，因此整个环境和教师本身应示范良好的身教作为引导。另外，行为的结果会告诉幼儿何种行为会得到奖励、何种行为会受到惩罚；看到先前行为所得到的奖惩结果，会用来修正自己的行动。

(四)认知行为改变

除了反应外，学习者还逐渐习得关于情境的心理表征，包括对奖赏和惩罚的期望及适当反应类型的期望，觉知到思想、知觉与复杂的动机历程等。重视内隐的思想历程对行为的影响力，并透过认知历程来改变外显的行为，其做法包括重整自己不合理的思考形态，透过想象与积极的自我对话，来纠正本身不适当的行为等(陈荣华，1993)。

五、人格发展与气质

埃里克森(Erikson)八阶段的"人格发展论"(Erikson，1959)，其中1~3岁是"活泼自动 VS. 羞愧怀疑"的时期，是学习寻求独立之始。幼儿如果缺乏练习独立自主的机会，将导致怀疑自身能力而感到羞愧。因此，此阶段幼儿必须学习熟练饮食、穿衣、卫生等自助技能，并有机会做决定和选择，才会乐于学习独立。如果发展良好，则较能接受大人所定的必要限制而愿意合作。3—6岁是"自动自发 VS. 退缩内疚"时期，幼儿开始肩负起一些责任，也喜欢尝试新技巧，测试自己的力量和能力。教师应接受幼儿的能力，让其积极参与行动，不要失去兴趣。当他做不到老师、父母的期望，会自认不好而感觉内疚，例如：因动作不协调而弄倒颜料，教师应引导协助他清扫处理，而不是怪罪他的笨拙不小心，否则只会造成其羞耻心和不当感。幼儿如果能在日常生活中建立能力解决问题，就能逐渐产生信心和成就感，也能养成不依赖、主动处理问题的态度。

天生气质(temperament)是个体与生俱有，会影响幼儿本身的行为表现和成人相对的教育方式，以下九项气质向度(徐澄清，1986；Thomas & Chess，1977)可作为对个别幼儿了解与辅导的参考。

第一，活动量(大—小)：表现为睡眠时间长短、活动多少等。活动量大的幼儿不论在何种情况下，都很难安静下来，很难长时间坐着听讲、做事，容易造成师生关系的紧张及学习问题。

第二，趋避性（接近—退缩）：对第一次接触的人、事、物所表现的接受或拒绝的反应。较退缩的幼儿，在初次接触新老师或新环境时，需要花较多心力、较长时间来熟悉与适应，对新的学习内容也同样如此。

第三，注意力分散度（易—不易）：对刺激物的注意力集中或分散的程度。注意力易分散的幼儿较不能集中精神或专注于活动中，需要教师不断地提醒或做一些环境上的支持安排。

第四，反应阈（高—低）：需要多少"量"的刺激才会引起幼儿应有的反应。反应阈高的幼儿需要较大的刺激量才能引起反应，故可能给人"迟钝"或"相应不理"的印象和误解；反应阈低的则极敏感、易受刺激。两者都挑战教师的耐心和辅导方式。

第五，坚持度（高—低）：克服阻碍持续活动的能力与程度。幼儿若太过坚持，会导致拖延活动时间或影响其他的学习；若太过轻易放弃，不肯尝试解决问题，也会产生学习问题。

第六，规律性（有—无）：作息的时间是否固定，会对学校作息安排有不同反应。规律性较低的幼儿常有超出预期的行动，教师不易掌握其活动或生活脉动，也会影响班级整体的规律性。

第七，适应度（高—低）：适应新环境、事物的速度的快慢。从幼儿初入学、进入新情境和刚接触新活动时的表现可以看出，对开学初的班级管理影响最明显。

第八，反应强度（强—弱）：对内、外在刺激反应的强烈程度。有些幼儿易受小事左右、易受刺激、爱哭、常向教师打小报告，有些幼儿则对刺激的反应不明显或没有反应。

第九，情绪本质（正—负）：个体一天清醒时间所表现正向或负向情绪的比例。情绪本质快乐的幼儿较易于愉快面对学习，反之可能看来总是"愁眉苦脸"；情绪化的人容易被激起情绪且反应强烈，也会影响学习和行为。

教师除了了解幼儿这些天生气质上的差异，也应帮助他们认识自己，表现合宜的行为。教师在班级管理幼儿指导上应基于幼儿特点，制订合理的期望和提供适性的辅导，逆势而为或强迫改变都是困难无益的事。

六、产程、基因与家庭教育

前面所述天生气质与性格的基因影响，已奠定幼儿发展的基础，后天的成长环境及所接受的教养等因素，对其发展与学习也具影响力。

(一)产前与生产因素

产前和生产因素包括母亲怀孕状况，产前检查，是否吸毒、酗酒，幼儿是否早产，出生体重是否过轻等，这些都影响幼儿的先天健康，这些生物变项的影响也可能会导致行为问题(Nicol & Gottesmana，1983)。幼儿行为问题牵涉广而复杂，不只是受生物或环境单方面因素影响而已(Zirpoli，1995)。

(二)家庭教育

对幼儿的影响最直接的应是家庭教育，其对孩子的教育和影响可分为三种形态(Baumrind，1967)。

1. 权威开明型(authoritative)

教养特色是父母对幼儿的行为建立了适当的期望、规定和限制，坚持一致，教育公平而不急迫，与幼儿沟通感觉与想法，亲子双方共同担负责任，帮幼儿建立信心，也允许个人性的存在。这种教养形态所养成子女行为的特征是：较能自我控制、做事愿负责任、愉快友善、能因应压力、能与人合作、具有信心好奇心、能独立思考等。

2. 权威专制型(authoritarian)

这种教育的家庭运作像军队，父母控制并决定一切，不理会幼儿的意见。不准幼儿发问或挑战规定，会实施严格惩罚，有时是体罚。这种方式较容易养成脆弱不成熟型的子女，较易害怕、困惑、情绪不稳、低自尊、缺少自我控制力、社会技巧差、无法独立思考、害怕接触新活动等。

3. 娇宠/放任型(indulgent/permissive)

此类父母对子女行为几乎无所期望、不加管教，不定规则或限制，让幼儿自由决定。所养成子女行为的特征包括：较无法控制自己的行为、有冲动攻击性、在新环境中不知如何回应别人期望并做出适当表现等。

根据许多现场幼教老师的实际接触发现，还有一种父母也很常见，那就是自认民主，其实放任型，他们可能误解民主，把放任不管当成民主尊重。这种父母缺乏对幼儿是非的教导和适度约束，无法养成幼儿自我学习、负责任的态度，任其为所欲为无法自控。教养无原则的父母，子女行为也将无所遵循，茫然不知所措。

但家庭对幼儿也并非单向的影响，幼儿本身也会影响家庭教养他们的方式，父母会依幼儿的气质、天性、性别等特点，而有不同的教育回应，是一种相互影响的关系(Bell & Harper，1977)。近年来由于社会的变迁，少子化社会中，幼儿多为独生子女，父母不知如何平衡宠溺与教育，或生长在功能不好家庭中，少了心理支持和言行规范，或遭受问题家庭的不当对待与教养等，都使幼儿遇到各种困难与挫折。这些问题也都带来班级管理和幼儿辅导的挑战，教师应注意并采取适当的因应。

七、性别差异与生理发展

对于幼儿是否因性别而有行为表现差异的议题，目前尚有争议，例如，女生是否真的乖巧、文静、乐于照顾人、易于管教？男生是否调皮、容易破坏秩序、难以管理？这些差异是天生还是教养所造成？教师对男生、女生的期望和对待态度是否已有先入为主或性别刻板观念与偏见？这些偏见是否影响了男女幼儿的行为表现(谷瑞勉，1997b；Gardner，1982)，以及教师对待幼儿的态度？这些疑问均值得教师深入观察和检验。

教师还应对幼儿生理、身体的发展有所了解，才能减少不当的期望和管教。例如，身体方面，幼儿尚在成长，多半协调欠佳，动作不成熟(Fields & Boesser，1994)，无法坐直、坐久等，他们的小肌肉活动发展也不如大肌肉活动，因此反应较慢，对他们的要求如果超出能力之上时，会造成挫折感和丧失信心。又如，有时因来不及反应而尿湿裤子，教师应协助处理，减轻其羞愧感，不应勉强要求幼儿控制其身体；他们更需要有活动的机会、多休息、适当的食物和营养。教师在安排活动、规划环境或定规则时，应考虑幼儿身体和生理上的能力与限制。

第二节 记录和运用幼儿的发展与活动资料

整体而言，幼儿阶段的特点是以自我为中心、不理解别人的想法，注意力持续时间短、易受挫折、不愿分享、常争吵、坚持自己的想法，幼儿受各种因素影响，对行为规矩和学习态度的养成很有挑战。教师应熟悉幼儿各方面的发展状态，了解其如何认知事理，具备什么技巧能力，可能有的困难限制，用什么方法引起其学习动机等，作为辅导幼儿学习的基础。教师要充分搜集幼儿各方面的信息以作为教学与辅导的依据，必须会记录、组织、分析，并有效运用这些资料于班级管理中。观察纪录要做到扼要清楚，太过琐碎或耗时都不实际，要找出有效方法观察和记录信息，或先用笔记速记，或用标准格式记录(黄意舒，1996；刘慈惠、王莉玲、林青青，1993)，其内容应包括(Pollard & Tann，1993)：①重要，有益于了解班上幼儿的讯息。②这份资料的重要性为何。③将如何运用这些资料？④用何种方式记录？⑤如何检查这些纪录的客观性和公平性？⑥这些资料会供谁参考？

幼儿是具个别特点的学习者，教师须对他们充分了解。以幼儿活动观察纪录做起点，在物理和社会情境中了解其发展，较不会低估或高估他们的能力和需要，也不会以固定的观点与方法去教学。与幼儿互动时进行观察记录，将有助于了解和提供其所需的协助，可减少对他们过度的期望和辅导，免于不当的施教与徒劳的指导，而修正班级管理成更合适的做法。总之，教师的教学辅导应配合幼儿发展，实施班级管理也应以幼儿发展为基础和依归。

问题与讨论

1. 你是否觉察到对幼儿发展的了解，会影响你对幼儿的期望和班级管理的做法？试举例说明。

2. 你如果在班级管理指导幼儿的过程中遇到挫折，会如何将此情况与幼儿发展的特点做联结，进而修正你的想法与做法？

3. 借助观察、聆听、与幼儿互动，去了解幼儿为何不会为别人着想、无法久坐、会混淆真实与想象、不跟某些孩子玩，又会自定规则？你将如何面对幼儿这些问题？或设法接受这些限制，让教学更适合他们？

4. 一名幼儿不小心打翻颜料却不承认，为何他会这样？如果你是老师，你会如何反应？

5. 在你指导一名幼儿时，如何在他所呈现的发展能力与天性的限制上，以及家庭教养的影响等因素中，逐渐帮助他改善行为？

第三章 开学初的基础

开学初期是幼儿园班级管理的关键时期（谷瑞勉，1998；Emmer et al.，1980），教师若能在此期间帮助幼儿尽早适应环境，建立良好的行为态度和工作习惯，会为未来整学期或整学年的班级管理奠定稳固的基础。开学初班级管理的主要目的，就在建立良好的班级气氛、学习的环境，让幼儿遵循班级的规则和程序，以利于学习活动的进行。在培养幼儿恰当行为的过程中，不能忽略幼儿的感情及心理需要，首先要建立一个让幼儿觉得温暖安全的环境气氛；接下来和幼儿在班级规则及程序方面有清楚的沟通，让幼儿知道教师的期望是什么，才能产生适当的行为。有效能的教师在开学初的班级管理通常会做以下几项工作（Evertson，Emmer，Clements，& Worsham，1994）：第一，对幼儿解释并提醒规则。第二，用各种方法来传递规则。第三，指令具体清楚、一步一步交代明白。第四，注意并监督幼儿行为，有不当行为发生时马上处理。第五，先安排好幼儿的活动，再去处理其他事务，不要让幼儿感觉受到干扰。第六，时间控制良好，活动接续顺利。

第一节　开学初的准备

在开学初甚至开学前，幼儿教师通常不急着进行正式的教学活动，而是主要在两方面做积极的准备工夫：行政工作与环境准备、迎接幼儿的工作。

一、行政工作与环境准备

让每天工作顺利进行的因素之一，是能够有效率地处理好那些教学以外的工作，像是早上点名、收集幼儿联络簿、组织教学的材料等，才能让教室开始运作。

好的开始也需要有相关行政工作和环境准备的配合，例如，建立各种名册、行事历、经费报表、通知单、点心计划表、幼儿资料、教师职务分配表、准备开学会议资料等。想顺利处理行政和减少干扰，就应发展出一些做事情的程序形态、例行事务或系统方法让幼儿实行，才能节省时间，学到真实生活的技巧，建立安全感的基础。要做到：将班级名册及幼儿名牌准备好，预先熟记幼儿的名字，要能够做到很快地将人与名字联结；准备专属的置物柜，上面贴好名字号码，让幼儿入园时能够自己去放置东西；幼儿的名册、电话、家庭和疾病资料的建立，能够让教师事先了解家长及幼儿，有益于入学适应。

教师规划的教室环境，要能减少分心、促进师生互动，又有隐私空间可供私下指导或纠正错误。家具安排要能自由搬动、方便使用及动线通畅、不挡视线，才能随时注意幼儿的行为。教室设备要有清楚的组织，易于接近可自行取用，避免杂乱，活动时才不会撞上人或物品，或影响他人工作。活动场地平均分布，能增加幼儿的参与活动及适当行为(Trussell，2008)。

环境准备还包括清扫整理环境、清点用品、检查教具设备及安全措施、补充材料、布置教室、修补户外设备、做好教室规划、空出幼儿及教师的工作收藏空间和教学材料的储藏安排空间等(细节见第六章)。开学初难免较混乱，教师应为幼儿准备一个有条不紊、材料就绪、具备吸引力、温暖的教室，让幼儿一入园就喜欢。最好能有空间陈列大型、低指导性的玩具，以便幼儿在初期无法适应，而教师又要分身照顾其他幼儿时，能自己去取用这些玩具。

二、迎接幼儿的工作

（一）稳定每日作息

开学初的几个星期会决定接下来幼儿的行为，此时要对幼儿建立适当期望、稳定的教室程序及必要的例行事务，让幼儿练习修正直到熟练稳定，以培养守规和自理的行为。教师制订好一整天的作息，包含各种活动和转换，并尽量保持教师指导、独立工作和团体活动三种活动形态之间的均衡。清楚沟通，进行活动前幼儿需知道：①到哪里拿需要的材料？②如果有问题怎么办？③在哪里工作？④用完东西放哪里？⑤完成工作后要做什么？以上都做好清楚的指示（Jonson，Cappelloni，& Niesyn，2011）。还有像如何排队、如何吃午餐、如何清理桌子、如何安静等待教师来协助等，如何进行教导。教师也教幼儿对特殊信号做回应，例如，某种符号或音乐所代表的意义和提醒。总之，教师要规划好教室程序，在例行事务及活动中清楚定义行为期望，引导幼儿学习做到和适应；也可观察每天的活动如何影响幼儿行为，再依需要做适当调整。

（二）建立幼儿的安全感

从开学的第一天迎接每位新生开始，教师应用最有效的方式记取一些基本的资料，例如，每位幼儿特点为何？有无特殊需要？是否有疾病史（气喘病、蚕豆症）？上学是坐校车或家长接送？上全日或半日班？见面时用名牌或其他方式，尽快记住幼儿的名字。教师要面带微笑，保持和蔼的态度，将幼儿从父母手中接过来时，可以牵着幼儿的手进入教室，带领他将个人用品放入工作柜，跟他做亲切简单的交谈，大略了解他的状况。不强迫幼儿做任何事情，只将教室准备好的玩具提供给他选择使用即可。教师可以等大部分幼儿到齐，再集中起来做自我介绍；由有趣的话题着手，请幼儿介绍他们的兴趣或假期经历，或者进行有趣的认名字游戏，以促进幼儿对班级及同学的认识和安全感，减轻紧张和压力。对缺乏安全感、不停哭泣的幼儿，教师应尽量给予拥抱或安抚，允许他们携带自己亲近的玩具，转移其注意力以缓冲其陌生感；哭闹较严重的可先带离，以免影响全班。

对哭闹幼儿虽然应体谅其心情而给予安慰，但太多的注意和同情也可能助长他的悲伤和焦虑；如果家长想要留下陪伴，可让其短暂停留，但这种情况最好还是交给教师来处理。在学期初期较混乱的情况下，教师如果能经常保持微笑，往往能化解幼儿的紧张，拉近师生间的距离。

与家长初次见面时，应把重要的信息先传递给家长，例如，学校的联络方式、主要的注意事项等；至于其他如作息、课程等较细节的事，则宜写在手册或通知单上交给家长，并尽早安排家长座谈会，以便和家长沟通重要的事情。为了将时间尽量留给幼儿，辅导适应入学，其他杂务应留到幼儿放学后才做，不要在迎接新生的同时，还在手忙脚乱的处理行政杂务。此时即使有任何人来询问或接洽事情，也应尽快结束谈话回到幼儿身边。

（三）辅导幼儿的分离焦虑

许多幼儿初入园时会有分离焦虑的表现，这是当幼儿面临与其主要照顾者分离时，会产生的不适应行为，例如，抱着父母不放、情绪不稳定、害怕、爱哭、耍赖等，这些是开学初期常见的教室现象。幼儿和照顾者分离会出现这些行为原本就是正常的，但若反应太强烈、过度担心并影响其正常的活动，那就构成分离焦虑的症状，需要教师及时的引导。

幼儿的分离焦虑会表现出依赖退化、焦虑不安、防卫抗拒等行为，以保护自己的安全界线，甚至会出现类似铭印现象在环境中重寻依附对象的表现（杨惠卿、蔡顺良，2005）。通常幼儿最容易产生分离焦虑的时段分别是刚入园、睡午觉、放假过后、生病时、家庭状况不稳、家人生病或搬家。即使并非初入学，情境因素也可能影响幼儿情绪不稳而增加分离焦虑。

信赖与自信能有效舒缓或化解分离焦虑。教师常成为幼儿家人之外的第一个依附对象，可以试着做到：帮幼儿熟悉适应环境，建立归属感与认同感，提供情绪支持与身体安抚，准许他带着寄托情感的玩具来上学，携带家人照片或打电话疏解对家人的想念，告知父母去向并保证会来接他，或鼓励玩上学的假扮游戏等。教师也要敏感于幼儿分离焦虑的程度，例如，吸吮手指频率增加、哭泣、拒吃、攻击教师、跟随教师、无法结交朋友，或拒绝说话等，以调整辅导方式（Balaban，1988）。

开学初若教师忙不过来，幼儿园应采取必要的协助，例如，与家长沟通、协助或调配增加人力、举办亲职讲座请家长协助等。开学初期可先从上学半天开始，再弹性拉长上学时间，鼓励幼儿先参观接触学校环境（如游乐设施、小宠物、有趣活动等），逐渐习惯后再融入团体作息。其他舒缓分离焦虑的建议如下（杨惠卿、蔡顺良，2005）。

• 强化对依附、客体关系及形成分离焦虑的了解，培养更有效的处理能力。

• 强调环境与个体气质配合的适配性教养方式，维持良好的照顾关系。

• 加强亲师沟通与信任，提供相关信息与家庭的教育宣传，帮助幼儿适应。

（四）建立良好的教室气氛和师生关系

开学初是师生彼此建立关系，让幼儿接纳教师和班级的关键时刻，好的教室气氛和师生关系是建立在教师的三种态度上（Rogers, 1961）：接受（了解并接纳幼儿本来的样子）；诚恳（出自真心诚意的接纳）；同理心（体察孩子对教室的感觉）。

教师对幼儿应具有"无条件的积极关注"（unconditional positive regard），也就是对幼儿思想开放、全心全意、付出承诺（Pollard & Tann, 1993），这将能获得幼儿的信赖和亲近。在实际教学中，幼儿对教师的一致性、可靠、耐心、公平及幽默感等特点最欢迎，而不喜欢无趣、凶恶、无法预测及不公平的教师。良好的班级氛围和师生关系是建立在师生相互尊重的基础上，让幼儿感觉被支持、受尊重，形成温暖、参与和回应的关系。创造一致性的教室环境结构，清楚沟通期望，与幼儿积极互动，提供有意义的学习、尊重的纠正和建设性的回馈等，都能促进良好的教室关系（Allday & Pakurar, 2007）。这有赖双方共同努力，将在幼儿园班级教学和管理上产生积极的效果，成为师生教与学的快乐源泉。

（五）安排入园初期适应性的活动

幼儿园开学之初，教师既以与幼儿建立正向信赖的关系、帮助幼儿适应学习环境为主要目标，学习活动的安排就应以了解幼儿能力、建立其安全感和信赖感的游戏为主，而不是急于正式上课、做测验或进行团体指导活动（Eby & Kujawa, 1994）。开学初花时间让幼儿认识班上小朋友、学校老师和学习环境，参观园内每个地方，包括教师和园长办公室、厨房、厕所、活动室、操场以及逐一教室内的玩具和器材，并引导幼儿使用。

协助幼儿稳定情绪、适应环境增加安全感，是学期初期活动的优先考虑。教师可尽量用活泼的戏剧扮演或游戏方式来进行，包括常规介绍、认识朋友、简单的礼节等，保持幼儿兴趣，减少对上学的恐慌心理。幼儿的作息应尽量简单，不做复杂活动，即使是餐点也应简单，不用过热或复杂的食物，以免增加教师的麻烦以及幼儿的不适。

第二节　规则和程序的制订与实施

班级管理建立在幼儿知道行为的依据、教师对行为的期望以及他们对这些期望的反应上。幼儿如果无所依循，就很难进行学习。班级混乱的原因，往往是因为幼儿不知该做什么、不明白教师的期望是什么？因此有系统、周详规划的规则和程序，有益于班级管理和师生互动（Evertson et al.，1994）。教师在教导不同学习能力的幼儿、处理琐碎的行政工作、准备教材课程及评量学习的同时，需要建立一个有秩序的教室，才能顺利教学。幼儿会欣赏及尊重一个有纪律的教室，教师具有明确而可预测的特质，会让幼儿感到轻松温暖，因此，规则与秩序的建立与遵守是教师班级管理的要务（Doyle，1986）。

一、规则、程序、标准和例行事务

过去教室规则多要求幼儿服从，很少是要建立其行为技能。近年来，教师强调"教室期望"，是将规则用于支持幼儿去达到某种期望（Gable et al.，2009）。期望有助于定义适当的教室行为，建立幼儿的和谐（Henley，2006），具有有一致性的品质，要求大家都能做到。教室环境所显示的期望若不清楚，则会造成幼儿困扰；若不一致，则会导致幼儿表现负面行为。因此，一开始就要明示对行为的期望，协助建立一个可预测的教与学的环境（Grossman，2004）。班级管理是对教学指导的考虑，班级规矩也是幼儿参与各项活动时言行举止应遵守的规范，主要包括"规则"和"程序"两个部分（单文经，1994；Evertson，Emmer，& Worsham，2003）。

（一）规则（rule）

规则不只是限制，而是用来组织一个教室和教导幼儿的方法，是对安全与健康的考量，对行为的一般期望或标准。教师发展教室规则，指出行为标准，包含能够成功的积极特质，例如，表示尊重、注意安全、负责任等，说明要做什么，而非不要做什么，例如，针对"打人"此一不当行为的适当行为是"手放身边（不打人）"。幼儿学习规则，增强其适当地表现，帮助达到期望（例如：尊重别人是期望，眼睛看着说话的对方是规则）。幼儿也要负起自身行为的责任，学习自我控制，例如，"尊重别人"是一般的待人原则；排队荡秋千时必须站在线的后面以免被打；地震火灾预防演练时，要很快跑到操场；"在娃娃角不可以吃东西"是用于规范特定行为。教师要解释、演练规则，明确教导幼儿，并在开学初期就彻底执行规则，对幼儿遵守或违规的行为都有适当回应，予以增强赞美或修正提醒，直到幼儿养成好习惯为止。

（二）程序（procedure）

程序则是经过认可的、做好一件事情的方法及行为准则，是对特定行为的期望，或希望事情应该如何的做法（Wong & Wong，1998），用于完成而非禁止某事（黄政傑、李隆盛主编，1993）的规范。教室里所做的每一件事情都有其程序，程序让教室顺利运作，也可依需要改变让标准及规则更能有效执行。例如，规定参与讨论的程序，某区域材料的使用程序。上美术课前，如果没有告诉幼儿使用程序，教室就会被弄得很脏乱。早点名是一个程序，可让幼儿以不同方法签到：如装饰自己的姓名卡，放在告示板上让大家欣赏，或依照座位或分组摆放在小篮子里；幼儿早上进教室时把自己的照片放入袋子中。另外像防灾练习，教师可依计划好的疏散步骤带幼儿练习。花些时间发展一个好的程序，让幼儿了解其必要性，常加练习可以强化他们的学习和安全。

（三）标准（standard）

标准是教师希望幼儿要做到的事情，在各种情况下对行为常模的期望，特别是幼儿对自己、教室及学校应该负的责任。行为标准是教学学习的支援系统，必须与课程标准、教师的教学一致，不要经常改变。标准包括幼儿要有礼貌、行为适当、尊重别人、负责任等；数量不用太多，3 至 5 个标准即可，同时也需要清楚明确地示范和练习。

（四）例行事务（routine）

规则与期望奠定班级管理的基础，例行事务及程序则是系统的结构。例行事务让幼儿了解完成一个工作的历程，可清楚预知下一步要做什么以及如何转换，也能简化事情、减少困惑和不良的组织（Peterson，1992）。例行事务包括每天从上学到结束离开学校的过程，从前一个活动转换到下一个活动，包括进出教室、使用设备、传送材料、活动变化等大小事。每个例行事务要有清楚的程序建立，在活动之前先引导管理程序，例如，安静的排队到户外游戏，或如何移转到其他教室上课等。例行事务结合规则和期望，让教师运作一个可预测的环境，也让幼儿知所遵行。

有效的班级管理在建立规则、行为期望及例行事务上，从开始就要有一致的做法，确定例行事务和程序适当合理，学校规则和教室规则具一致性，避免矛盾。一个准备好的组织结构，可以创造令人安心的环境，给幼儿"准备好了"的信息，让他们感觉正向、有安全感，才能逐渐养成良好习惯，奠定学习的基础。

二、规则与程序的种类与内容

教师会为幼儿规定哪些规则和程序，这是依教师理念、幼儿情况和班级需求而定。首先要了解全园有哪些规定，再纳入班上需要幼儿遵守的规则，其中应考虑的细节包括了：幼儿的成长背景、以前上学的历史、教师期望的行为、班级所不允许的行为以及违反规矩的结果将会如何等。

(一)规则的类别

一般幼儿园的班级中，幼儿需要遵循的规则可归纳为下列两类(谷瑞勉，1989；保心怡，1988；简楚瑛，1996a)。

1. 幼儿常规

(1)好习惯的养成(整洁、负责的习惯等)。

(2)有礼貌(对人说话和做事的礼貌)。

(3)与完成工作有关的规矩(活动进行时的规矩、收拾的规矩)。

(4)自理自控的能力(穿衣穿鞋、收拾寝具、自我照顾、自我控制等)。

2. 一般程序规则

(1)教室器材使用的程序规则(如何使用桌椅、饮水器、厕所、储藏室、玩具、户外游乐器等)。

(2)区域活动、团体活动时间所应遵循的程序规则(包括如何提出问题、讨论、要求协助，是否可以离开教室及换区域等)。

(3)保育活动的程序规则(在午睡、用餐、户外游戏时)。

(4)活动转换的程序规则(包括离开及进入教室、不同性质活动的转换、一天的开始及结束等)。

(二)规则程序的范围

1. 班级运行的一般规则

一开学即应把学校和班级的重要规则和相关行为结果告知幼儿，带领幼儿了解并练习。在计划班级规则时不必太多，通常5至8项规则应涵盖大部分的行为(Evertson et al.，1994)，太多反而不易实行。规则主要包括对人有礼貌、尊重别人的物品拥有权、安静听人说话、说话前先举手、活动时少说话等。

当教师介绍这些规则时，可与幼儿讨论，除了强调这些规则的重要性，还要以幼儿听得懂的语言和实例解说，还可以海报、图片提示。规则要在适当的时间、地点说明和示范才有效，例如，利用喝水、上厕所时在旁提醒相关规则，而有些设备则在使用时说明才会比较清楚。在纠正幼儿的违规或错误行为时，要提醒幼儿是违反了哪项规则，提示鼓励改进，并持续观察其行为表现。强调遵守规则对幼儿的正面影响也很有必要，例如，对幼儿说明"我知道在很想说话时，要你们举手发言是很不容易做到的，但这样每个人才都有轮流说话的机会，比较公平"，可加深幼儿执行规则的动机。

2. 设备使用的程序

教室内各种教具和设备都应有使用程序的规定，例如，在置物柜中，茶杯、衣物、鞋子、被子等物品应如何置放？如何轮流使用饮水机？教室各区域材料、储藏教具及使用消耗性用品的方式等均应有规定。一些环境设备的使用程序规定也应列入考虑，例如，厕所、图书室、资源教室、沙坑、操场和户外游乐区的使用等。此外，教师也应适当与幼儿一起共同演练各种安全演习，并学习使用消防器材等。

3. 活动的规则与程序

一般幼儿园的活动方式主要是团体活动、小组活动、区域活动三种（卢素碧，1990），各有其规则和程序。例如，团体活动的程序，包括请幼儿集中注意力先听教师的讲解说明，有问题时举手并等待教师点名协助等。在分组活动中，幼儿若有需要，可小声讨论、自由走动、共同解决问题，但当声音太大影响到别人或无所事事时，就会被提醒或禁止。当幼儿完成活动后可做什么，也应预先让他们知道，以免浪费等待的时间。

小组活动和区域活动也像团体活动一样，会要求幼儿举手发言、尽量完成工作、协助收拾等。可以用指派小老师协助，或鼓励用合作的方式，让能力不同的幼儿共同学习。在活动时允许幼儿有选择的权利，至于区域活动时能否更换，是否需经教师允许，有无人数限定等，都可与幼儿讨论后再决定（李宗文，1997）。另外，教师还需引导幼儿处理冲突及学习轮流等待和收拾的相关规矩。

(三)规则制定的原则

规则的制订以培养幼儿良好习惯和学习态度为目标，有效的制订必须是适合年龄、可观察到、正向陈述、易于了解的（Burden，2006；Scheuermann & Hall，2008），另还应把握下列原则（张新仁，1993；简楚瑛，1996a；Pollard & Tann，1993）。

第一，必须合理：规则必须是幼儿能够做到的，不能太难或不易达到；以有益幼儿身心发展为目标，不做过多的限制或约束。

第二，应有意义：有意义的规则才能实施和遵守。例如，要幼儿举手才能发言，但举了手却没有机会发言；要求要排队去完成工作，却有一些人不用排队也能达成工作，如此，这些规则就没有意义。不具意义的规定，将使幼儿缺乏遵守执行的动机，实施就会有困难。

第三，不浪费幼儿时间：规则如果过于烦琐，幼儿要花很多时间、精力勉强去遵行，即使目的达到也得不偿失。如果要花很多时间来管理或执行一个规定，则可能是一个牵强或不合理的规定(Fisher，2003)。

第四，能让活动顺利进行：班级管理的目标应是要让幼儿在有效率的环境中学习，因此学习的过程与收获才是重点，教师不应只注意活动时幼儿是否安静、活动完后是否把玩具收拾整齐，限制了幼儿的自由与创意，反而忽视学习的内涵(柯华葳，1993)。

第五，规则是可执行的：如果事情无法用标准、规则或程序来执行，就要避免去订这样的规定。例如，班上有特别害羞的幼儿不肯说话，就不应规定和要求每个幼儿都要在教室中分享。不能贯彻的标准也很难执行，例如，教师要求幼儿举手发言，但有时又说"等我叫你回答"。改变当初规定，教师的说法不一也会让幼儿困惑。

三、规则的教导与实施

(一)由谁定规则

教师可用不同方法引导幼儿建立标准、规则和程序。与其苦口婆心地要求幼儿遵守规则而做不到，不如让他们共同面对问题，了解遵守的原因和讨论如何遵循规则。幼儿的积极参与最有益于规则的实施，若没机会定规则，至少要能参与讨论什么是需要的规则，在过程中建构意义。例如，班上有关收拾的程序一直做不到，可以请幼儿提供建议；幼儿就会讨论并提出想法，也会承诺做到，因为其中包含他们的意见就会去实施。再如，鼓励孩子讨论"如果我们不想伤害别人，该怎么做?"他们会讨论出一个规则来处理这件事。但规则会因时、因地、因人而修订，要让幼儿了解规则改变的原因，而不畏修正。

(二)教导与实施

设定一个规则或程序后，幼儿并不会自动做到，而需要教师一步步指导其学习，教导幼儿循序实施。

1. 正向陈述规则、清楚示范

所用词汇应明确，避免含糊笼统。让幼儿知道要做什么，该怎样做，还要明确指出及示范给幼儿看。例如，说"要坐好、不讲话或专心工作"要比说"要乖"来得清楚；要幼儿排队，则应说明、示范在何时、何地和如何排队

（Ever-tson et al.，1994）。告诉幼儿"要"做什么，而不是"不要"做什么；清楚告诉幼儿该做的事情，而不是期望他们做不了解的事情。例如，教师在鱼缸上贴着"不得喂食奇怪的东西"，结果幼儿还是把东西丢到鱼缸去，因为他们并不觉得那东西奇怪；如果教师修改成"只能用鱼饲料喂鱼"，规则就清楚明白了。

2. 设定一个行为计划，让幼儿充分练习（Fisher，2003，p. 87）

其做法包括以下方面。

（1）参与：将过去的经验联结起来，学习新经验。

（2）目标：让幼儿知道应做到的程度，以他们能懂的词语来叙述。

（3）目的：这个课程能够提供给幼儿什么内容。

（4）输入：幼儿需明白这些信息，并表现这个工作。

（5）示范：呈现、口头描述预期的行为，提示重点让幼儿知道。

（6）检查：确定幼儿听到信息，看是否了解并知道该怎么做。

（7）引导：在教师的指导之下练习，并给予回馈。

（8）结束：幼儿对程序的步骤或内容能了解摘要。

（9）练习：让幼儿练习做这个程序，直到自动化为止。

3. 回馈表扬符合标准的做法

教师对幼儿练习时的表现，给予适当赞美或改进的建议。如果礼貌是一个标准，每当幼儿表现出礼貌行为时，就应加以表扬，例如，教师说："你把椅子放到桌子下面，就不会绊倒别人，这很有礼貌。"指出实例，幼儿会整理出合乎礼貌的行为。教师也可叙述或扮演礼貌和不礼貌行为的差异，以供幼儿比较对照。

4. 支持幼儿的学习

幼儿不会自动拥有自我控制和自我管理的技巧，需要教师的驾驭——示范促进、提供线索、引导练习和给予回馈（谷瑞勉译，1999b），直到他们会做并负起责任。例如，对幼儿说"等一下活动回来时，记得要做……"就是提醒他们记得遵守程序。教师事前提醒，幼儿正确练习，获得支持及回馈；教导程序规则是值得的，幼儿会遵行，教学就能更顺利。

常规、程序的养成，需要从一开始就教导、练习和修正，不需严厉要求，而是要建立在师生相互的信赖和了解上。如此逐渐教导出守规矩、有自控力的幼儿，不只在班级中支持稳健的学习，也有助于在未来社会中，培养成为一个民主守法的公民。

★案例 3-1 午餐时间的规则与程序(廖老师)

学校因顾及幼儿班只有一位教师,午餐时间会忙不过来,因而分派四位六年级的女学生,利用第三节下课时间到幼儿班帮忙分饭菜。刚开始,正赶上下课时间室外正喧哗,室内的大姐姐也吵吵闹闹,幼儿常静不下来,甚至有人奔跑、打翻饭菜。经过一星期之后,我先找大姐姐们沟通分饭菜时的问题,并要求她们戴上口罩,一为卫生;二为秩序。她们答应后降低了说话的音量,对整个过程有不少助益。接着利用午餐前的团体讨论时间和幼儿讨论一些状况。

幼儿甲:"上次我拿饭菜时,乙正要走过去,结果撞到我,害我把饭菜弄洒了。"

幼儿乙:"丙每次开动时都一直讲话,口水喷到我的汤。"

幼儿丙:"丁把不敢吃的菜都丢到地上,再乱踢到别人那边。"

幼儿丁:"有的菜好恐怖,我都没吃过。"

幼儿戊:"什么都吃才营养啊!"

每个幼儿都有很多意见,最后我们师生共同讨论后,产生了下列的午餐之约。

一、午餐开始前

1. 先请第一桌小桌长带着幼儿去上厕所并洗手后,依序拿餐盘盛饭菜,小班的饭菜由同桌的幼儿帮忙准备,他们则帮忙清桌子。

2. 第一桌回来,再由第二桌小桌长带着幼儿由后面去上厕所、洗手,其余各桌依序进行。

3. 端好饭菜,安静坐在位子上等待。

4. 在端饭菜时如果有人想喝水或需要走动,要等一下,等小朋友全部端完饭菜再去,这样可以避免撞到别人。

5. 如果今天特别饿或不太饿,可以告诉大姐姐"多吃一点"或"少吃一点",不可以不吃。

6. 不小心打翻饭菜了,要赶快自己处理或者找别人或老师帮忙,其他的小朋友请绕道而行。

7. 全部饭菜准备好,由各小桌长喊"开动",谢过大姐姐后,才开始用午餐。

二、午餐进行中

1. 如果有不敢吃的菜，分成一小份一小份的吃，因为菜都有营养，不可以不吃。

2. 吃不完的人下次盛少一点，如果是身体不舒服等特殊原因则另当别论。

3. 要再添饭菜，先将汤碗放在桌上，只端餐盘去盛饭菜，以免将汤弄洒了。

4. 要再盛汤时，记得先将汤匙拿起来，以免汤汁溅起。

5. 吃饭时，嘴里有食物不可讲话，否则喷到别人的饭菜很不礼貌。

6. 食物吃完再盛，不要一次盛太多。

三、午餐进行完毕

1. 时钟分针指到 10 点（约吃了半小时），幼儿尽量吃完，并准备将餐盘中的剩渣倒入空桶中，用汤匙将食物清理好，餐盘汤匙依类放好。

2. 先拿纸巾擦嘴巴再擦桌面，每人负责清理自己桌面及将地上的饭菜捡拾干净。

3. 漱口时以适量的水漱口，不浪费水。

4. 各自负责清洁工作，如擦桌子、洗汤匙等，工作完成后可先到寝室休息或欣赏影片，等钟响就午睡了。

5. 饭后走路不要跑，免得呛到。

6. 每周利用一段时间来发"工钱"，给予认真负责完成工作的幼儿贴纸或小礼物以作为鼓励。

虽然和幼儿之间有这些约定，但有些情况仍无法完全改善，例如，用餐时幼儿仍很喜欢聊天、偏食习惯改善有限、漱口时喜欢玩水等问题。不过在端饭菜时的秩序、餐后卫生习惯、清洁工作等方面，则有明显改善。刚开始每日的午餐时间总像大战般的紊乱，经过一段时间之后有秩序多了，我不再疲于奔命解决各种状况，幼儿也能在适当的时间内吃完午餐。

★案例 3-2　玩具收拾的常规（林老师）

我常觉得班上的常规不太好，例如，上课时幼儿进到教室无法马上安静、玩具常无法归放原处等，当其他老师说："你们班小朋友好吵!"时，我更不好意思，极力想寻找解决的方法。

以收拾玩具为例，据我观察教室后，发觉玩具柜的摆放有问题。因为玩具种类太多，而玩具柜太小，一开始在放置玩具时，想将全部玩具都呈现给幼儿，便将相同性质多种的玩具放在同一格，因此常是两三种玩具放在一起，幼儿取用时常会翻倒其他篮子内的玩具。为了节省时间，他们一捡起来便往篮子里丢，也不看是否丢对了地方，因此不同的玩具常混在一起。

找到问题症结后我便开始行动，先将部分的玩具收起来，保持一格只有一种玩具，并且在格子贴上识别卡，要求幼儿依卡上的标签收拾。完成改装后，虽然幼儿会抱怨玩具变少了，可是玩具混在一起的情形大幅降低，而且幼儿收拾玩具的速度加快了。原来种类一减少，幼儿便可很清楚地将玩具分类；而且一段时间后还可替换玩具，增加新鲜感，提升幼儿的兴趣。收拾的问题终获解决。

★案例3-3　拖鞋放置的规则制定（庄老师）

常规在维持班级管理的运作是很有必要的，但对学前的幼儿而言，除非是他们亲身体验其必要性并一起制定遵守，否则这些规则对他们可能毫无意义可言。

我们班上教室的地板因为不是原木，而是由粉红色的瓷砖铺成的，因此，除了在教室外有放置幼儿外出鞋的鞋柜外，为防小朋友在教室内赤脚弄脏袜子，也请他们带一双室内拖鞋放置于教室内。因为室内空间有限无法再放置鞋架或鞋柜，当时并未想到室内拖鞋无处可放会成为问题。后来每逢下课时间，只见一群快乐的小朋友早已按捺不住往外冲，一双双五颜六色的拖鞋就像垃圾般被小主人踢成一堆。等到再进教室时，便常有小班的幼儿找不到另一只其他幼儿踢到角落的拖鞋而哭诉，好几次提醒他们要放好再出去玩，但孩子们似乎不以为意。

有一次上课钟响，将孩子们陆续催赶回来时，我便站在门口若有所思地盯着每个孩子看，孩子虽不知发生了什么事，但都安静下来注视着我。接着我请孩子全部进来，一起思考怎样才能为拖鞋找到合适的家？有的小朋友说再放一个鞋柜在教室里，有的小朋友说把鞋子放在自己的工作柜内，有的说干脆和外出鞋放在一起好了……在经过一番激烈的讨论后，我们终于订了几条大家都同意的有关室内拖鞋放置的规则。

1. 室内拖鞋只能在教室穿，不可穿到外面去。

2. 出去玩之前一定要将拖鞋放在自己的工作柜前，老师做记号的地方。

3. 要礼让小班的小朋友，如有人没放好或放错，要告诉他。

就这样大家一起订下了有共识的常规，恼人的拖鞋问题终于慢慢得到改善。

★案例 3-4　娃娃车上的常规(林老师)

　　开学之初，跟校车是许多教师最大的"噩梦"。之所以如此，主要是因为教师无法控制好车上的秩序，以至于车内像菜市场般的嘈杂。常听到的都是教师在投诉："你们班上某某，怎么讲都不听，吵死了!""你们班的某某打了谁。"等等。其实我刚跟车时也常常发生这种情形，每次跟车回来总觉得声嘶力竭，快要虚脱，虽然用了许多方法想改善这些情况，例如，高压政策、恐吓、请吃糖果等，但还是效果不彰，小朋友反而变本加厉，更加放肆。后来，我观察发现车上之所以嘈杂的原因是：有几个要好的小朋友都坐在一起，喜欢坐哪就坐哪，因而叽叽喳喳吵个不停。我于是针对这点采取隔离政策，把几个比较爱说话的小朋友调离开来，有的还调到我身边来坐，发现效果极佳，车上安静多了。两三次后我问小朋友："你们想不想自己选位子坐?"小朋友当然想，这时我就开始制订规则。我告诉他们在车上可以说话，但是只能说你们两个人能听到的音量；若让我听到你的声音，那就要请你坐到我的身旁来；还有，在车子动的时候不可以站起来，决定好坐哪个位子，就不要再换来换去，更不可以吵架打人。我问他们："你们能做到吗?"小朋友都说："可以。"我们就依照这些规定开始实施。

　　我把实施的方法提供给其他跟车的教师参考，大家都用同一标准，孩子才有遵循的方向，从此我们的车上安静也安全多了。

★案例 3-5　自订午睡的规则(陈老师)

"老师! 阿霖拉我的被子!"

"老师! 小霞睡太过来了，我快没地方睡了!"

"老师! 我想妈妈! 我要回家睡觉!"

"老师! 我不喜欢和她睡，我要和小惠睡!"

"老师! 我要去尿尿!"

"老师! 我睡觉时，妈妈都会拍拍我的背，我才睡得着!"

这就是我们班这群小宝贝刚开学时的午睡情形。不只这样，还有一下子要喝水，一下子要讲话，一下子要尿尿，一下子尿完回来踩到别人，状况层出不穷。应付了这个，那个又来，解决了麻烦，难题又来。

班上的常规本来就不太好，再加上开学有几个新生来，情形简直是雪上加霜，午睡时都无法安静睡觉；有时园长经过，会探头进来关心一下，我都觉得不好意思，也极力寻找解决的方法。

本班虽只是中班的幼儿，和他们讨论事情时，倒也能有很好的回应，于是我就利用时间和他们进行沟通。我先在一次午睡后，根据当天的午睡情形和孩子讨论；我先问小朋友，当你想睡觉时，却有人从你身旁走过，结果不小心踩到了你，你会有什么感觉？

幼儿甲："好讨厌啊！害我吓了一跳！"

幼儿乙："当我想睡时，丙却大声说：'老师我要尿尿'，好吵啊！"

幼儿丙："每次丁都说：'我没有熊熊抱，我可不可以抱着你'，我又不是他的熊熊，我才不要让他抱。"

幼儿丁："甲都这么大了，还要跟妈妈睡，真是胆小。"

幼儿戊："每天午睡都这么吵，我们也会睡不着呢！"

幼儿们七嘴八舌，幼儿戊也说到了事情的重点，最后我们终于有了共识，必须订下午睡的约定，以下是我们师生共同讨论产生的结果。

1. 午睡前先请所有的小朋友分别去上厕所。

2. 经常会在午睡时上厕所的小朋友，睡觉的位置尽量靠近老师，或是离教室门口较近的地方。

3. 要上厕所或喝水，请到老师身旁，轻声告诉老师。

4. 睡不着觉的，可以睁开眼睛，但必须躺下休息。

5. 集三张乖乖卡，可以带自己喜欢的玩偶，陪着一起午睡，但如果吵到别人，就必须取消。

6. 集满五张乖乖卡，可以和好朋友睡，但如果在一起说话，吵到别人，就必须取消。

7. 要老师拍拍背才能睡着的小朋友，老师会轻拍三十下，但必须是那些乖乖躺着不吵闹的。

这样规定后开始实施，一开始没有明显的改善，经过一段时间以后，幼儿们在鼓励下慢慢进入状态，午睡吵闹的行为也获得改善。孩子们喜欢他们自己定下的规定，愿意认真遵守，终使问题减轻。

问题与讨论

1. 观察一个班级里制订有哪些规则，是如何制订出来的？班上幼儿遵守哪些规则，不遵守哪些规则？原因是什么？哪些情况下幼儿需要排队？

2. 除了用风琴、念诗词来控制秩序，还有哪些集中幼儿注意力的方法是可以更有创意、趣味性和有效的？

3. 观察一位教师在引导和教育幼儿的过程中，是否表现了对幼儿的"尊重"或"缺乏尊重"？你的看法如何？

4. 观察一位教师在开学初的准备情形，持续观察此阶段的做法是否奠定了日后教学和班级管理的良好基础？其影响如何？

5. 你会为你的班级幼儿制订哪些规则或程序？你的考量和依据是什么？你期望养成幼儿什么样的行为或表现？

第四章　课程活动指导

　　"活动"是指由师生共同参与，以实现教育目标为主旨的"经过组织的行为"，有其特定的目的、内涵和重点(简楚瑛，1996a)。幼儿园的活动所指不限于狭义的教学而已，而是包括学习过程中所进行的各种活动，如保育和户外教学亦包含在内。良好的课程活动安排是达成班级管理目标的基础，不适合的教学活动会使幼儿缺乏学习兴趣(Bredekamp，1987)，学习无趣而导致无所事事，也会造成教室行为问题。有学者认为，好的班级管理就是计划良好的课程安排本身，或认为在教学里没有秩序问题只有课程问题，这些说法均强调了课程活动在班级管理中的重要性。班级管理的终极目的是以布置好的学习情境、配合充分准备的课程，提供幼儿最好的学习。有趣的课程能使幼儿投入，减低秩序问题，产生良好的班级管理效果。

　　目前幼儿园的课程安排从传统到开放的做法都有，内容除了五大领域，也有许多不同的课程安排和才艺教学。无论活动内容是参考市面上的教材或是教师自编的，为幼儿安排课程都要考虑下列因素。

　　第一，课程对幼儿是否有意义？有意义的活动才能使幼儿专注、有兴趣，例如，直接教幼儿识字、写字，不如培养幼儿阅读的兴趣和习惯来得有意义。

　　第二，课程活动是否引导幼儿的学习？是否适合幼儿发展？鼓励了何种学习？是记忆背诵或思考解决？

第三，课程活动是否能维持幼儿的参与？是否使用真实可操作的材料？教师借何种方式鼓励幼儿学习？动静态课程如何安排？

课程除了每天、每周、每单元的设计之外，也要兼顾整年度的学习内容和目标，适当安排才能维持幼儿学习兴趣不减，促进发展和减少不当行为。本章将针对活动内容方式的安排以及课程指导的原则方法与教学策略进行讨论，联结其对班级管理的相关影响。

第一节　不同类型的课程与活动安排

一、个别活动

个别活动是个人独自练习技巧，教师在旁指导，可符合幼儿个人化的需要，也较容易调整步调，对幼儿做个别的学习辅导与评量。要确定是否准备好材料供幼儿使用，并且要让幼儿有发问的时间。如果幼儿是在练习熟练某种技能，教师要在旁随时帮助。

个别活动中，每个人所需要的时间不一样，可能有人才刚开始，有人已经完成，还有人不知道怎么做。除了因人而异的个别辅导，对很快便完成工作的幼儿，教师可让他们到角落或学习区做其他事情；此时需做记录，以确定学习材料是否适合幼儿能力范围，同时也要修正教学方法和教具，了解是否符合幼儿需要。

二、团体活动

团体活动的目的是让幼儿从中得到一个整体的概念与引发，以建立观念、统整经验，在接下来分组或个别的活动中继续延伸。教师可利用团体活动做说明和展示、讲述故事或安排动态活动等；这种教学引导的方式是要将一群幼儿的注意力集中到一位教师身上，这需要技巧和策略，幼儿也需设法克制自我中心，试着做一位合作的参与者。教师需注意，适当掌握幼儿在团体活动情况下的时间长度，尽量不拖延，以免幼儿因长时间的坐听乏味而逐渐失去注意力和兴趣。欲引导幼儿围坐到教师身边的时候，可以用手指谣、肢体动作来吸引他们展开活动；也请助理教师随时协助安抚骚动的行为，或采取适当的行动加以制止。团体活动对幼儿是否合适、占一天活动的比例多少，尚有讨论空间，但过久的团体活动的确会造成教师主导、幼儿少参与，而使幼儿开始浮动，所以教师对此应有更全面的考虑。

三、分组活动

分组是为延续团体活动的深入引导，幼儿在其中练习基本能力，教师也能对他们做个别适当的回馈和辅导。分组活动的安排应尽可能满足幼儿对不同组别及性质活动的需求，通常会提供两组以上的选择。在分组的方法上，有依活动难易程度、指导性高低、幼儿能力程度与需要，或教师人力等不同的目的来分组(卢素碧，1990)，也有将同样活动分几组进行的。

为了在指导某一组时，其他组幼儿也能积极投入活动，教师应有妥善的安排，例如，事前将材料准备妥当、教导合作、不相干扰和轮流使用材料、对各组活动详尽说明、提醒时间或修正进度，并随时协助和检查回馈。活动中安排不同能力的幼儿在一组，或请小帮手协助，随时注意游离分子，赞赏专注活动的幼儿，持续评估工作情形，以加强小组活动效果(Evertson et al.，1994)；还应考虑不同的活动形态安排和组数的决定，提供幼儿需要的辅导协助，避免顾此失彼。

四、区域活动

幼儿园中区域的设置多为提供幼儿自发与探索学习的经验。区域的设置、数量和种类安排、是否与单元配合，要看教室大小、经费多少、学习目的、人数与需要而定(戴文青，1993)。区域活动允许较大的自由，幼儿非常喜爱，若能每日拨出固定时间，提供丰富的玩具、教具设备，让幼儿充分互动与探索，将能在区域里玩出创意与学习。因为是自由选择与探索，这段时间往往也是幼儿最专注于活动之时，教师可扮演学习催化者、材料提供者、个别辅导者和问题解决者的角色(卢素碧，1990)。在区域活动中要引导幼儿自主自发的学习，不是只停留在要求他们安静不吵闹、控制人数或准时收拾等秩序层面，而是协助提升学习的层次和内涵。

有些幼儿园是由教师制订一个计划，把分组或区域活动分配成均等的时间，以确定所有幼儿都能轮到每一个区域的活动和有足够时间完成工作；或设计一本手册，列出每个区域不同的活动，让幼儿依活动程序进行(McLeod，2003)。例如，分四个区域，幼儿分组后大约有二十分钟在各区域活动，再轮流去完成所有活动。区域活动可用检核表记录，以供了解其活动参与情形。

五、讨论活动

幼儿园课程中有鼓励幼儿讨论、发表对活动或经验观感的分享安排，这种活动鼓励幼儿当众说话的勇气，也能促进语文能力的发展、了解别人观点，以及与人沟通的技巧。讨论以幼儿为主，教师扮演引导、刺激思考、提示方向的角色，并将参与讨论的方法教导示范给幼儿，像如何听别人说话、轮流讨论、沟通意见等，且给予机会练习（Evertson et al.，1994）。幼儿因注意力和耐心的关系，讨论时间不宜拖延，又因表达能力和意愿的差异，对讨论也有不同的态度；教师应鼓励幼儿发表（黄瑞琴，1993），对不太说话的幼儿，要给机会鼓励多练习，对冗长独占发言的幼儿，要提醒其时间，将其导引至其他表达管道上，例如，用绘画方式表达。

六、分享活动

分享活动是对从事过的活动内容和体验，做一个整理归纳或呈现，让幼儿经历课程活动由开始、展开到结束的过程与结果。分享活动应避免千篇一律，如果每次都是让幼儿说出活动的感觉或展示自己的作品，久而久之幼儿将觉得那是无聊的例行公事。分享一旦流于形式，幼儿就会失去兴趣，因此可多做变化运用，像是展示、音律活动、游戏或统一表演的形态等，让幼儿乐于分享。

七、合作学习

合作学习是团体成员有一个共同的目标，学习一些选择的材料，彼此合作达到熟练和团体的目标（Hoover，2003）。教师需要介入引导合作和学习，过程中有时幼儿会告状谁没做事，教师即应教导处理团体动力的方法，强调个人成功是基于团体合作的概念，而鼓励其合作的动机。

协同合作需要幼儿一起工作，教师要像促进者较少教导，幼儿有较多的自由探索，借着合作、互动、研究和完成来学习。协同合作的分组可以选择，根据预定的工作，将相同能力或类似学习形态的幼儿分在一起。协同合作的团体强调责任和自由，团体中多重的声音也靠彼此协商来表达，幼儿会参考其他人的观点和做事方式，并对问题达成共识。在团体中学习如何与别人合作是有价值的经验，有时比最后的结果还重要。

八、成对学习

让幼儿成对学习可较少产生干扰，减轻成人的压力，是一种好的互动学习方式，可以多种方法配对，例如，不同能力的幼儿配对，不同知识程度的幼儿配对。请小老师指导另一个还没学会的幼儿，小老师需了解要教的东西、知道如何教及有适当的态度，并注意下列问题。

第一，有些小老师不知道怎么教或没耐心，配对前教师应先了解幼儿的能力、优缺点再安排。当小老师需要时间也增加了责任，教师可考虑请幼儿轮流当小帮手。

第二，幼儿若自选同伴，在一起工作时会较有责任心；两人合作会有不同观点和更多参与。若能力相当优点不同，一起工作需要不同的技能，可依此条件安排成对的组合。要形成合作工作的关系，尽可能避免双方是"最好的朋友"或"敌人"的组合；已知道目标及何时完成，能较好地维持进度，随时检验工作。

第三，随机配对是为了方便，运用在短期活动上较不需要考虑太多。但随机配对的问题是有些人会找不到伴，或因个性不同而起冲突，或缺乏合作学习能力，对需要参与时间较长或较困难的工作也较无效。

要让幼儿了解"配对"这种一对一共同完成工作方式的责任关系，如果其中一人没有参与，就应予以提醒或辅导。教师可利用不同配对方法，预先排除不好的配对选择，促进同伴间的合作与支持。

九、混龄学习

幼儿园应能让幼儿安全的探索和学习，教师像母亲一样照顾幼儿，较大幼儿提供协助与关怀；人人参与、分享互动、分工合作，以自我启动的游戏学习，一起建构生活与知识，这会是较理想的学习情境。人是文化产物，每个人属于各个不同年龄阶段的人际网络，与不同年龄的人一起生活，看重别人能教我们的以及我们能贡献给别人的价值。幼儿在混龄团体中，有如在文化的小宇宙中生存，组织提供所需要的温暖和照顾，教室中有懂得常规和作息的核心幼儿团体，不会都是还在摸索的新生。较大幼儿在班级中成长，知道该做什么，也学到如何帮助较小幼儿、合作和耐心，他们意识到责任感，也会自我修正。新老生的配对使较小幼儿感觉有朋友，学会等待并融入团体，模仿较大幼儿的言行，也是一种学习。混龄组织会培养这种互动价值和社会行为，师生共同建构人类社群(Moss & Petrie，2002)，年龄的距离和差异性，更能创造丰富安全的环境，鼓励真实的关系发展，为幼儿身处的不确定世界提供持续性和安全感(Jenkinson，2011)。

在混龄班级中，教师能清楚看到幼儿发展的差异与变化——4岁、5岁、6岁幼儿的不同，会针对发展阶段提供不同活动，也了解时间及等待的必要，耐心给幼儿时间成长，以他们的速度探索，无须催促或提早教学(Drummond

& Jenkinson, 2009)。这并非是教师放任不管，而是退后一步等幼儿逐渐发展，有需要时才介入；有等待的耐心、慢下来而非急着采取行动，保护使其免于匆忙。

因少子化影响，今日幼儿已少有与不同年龄层同伴游戏的机会，而学校招生的班级以混龄幼儿居多，混龄组织让幼儿有体验异质性团体的机会，每天学习从同龄、异龄的活动中转换，一起建构其社会行为与学习。教师应对此种班级结构的改变有所了解和回应。

十、户外活动

户外活动包括了升旗典礼、律动、课间游戏、户外教学等在教室外进行的学习活动。升旗代表一天活动的开始，是大家互相打招呼或宣示全园重要事项的场合，但毕竟集合许多人容易造成幼儿的浮动、局面的纷乱和时间的浪费，因此可以缩减升旗的次数。全园集合时的活动应以适合全园的为主，不要花长时间在集合解散、教师说教上，否则幼儿容易失去兴趣和耐心。早晨的律动是一天主要的动态活动时间，应让幼儿在适当的活动空间充分舒活筋骨，且扩音器的音量适中，不要造成噪音污染，或挑起幼儿浮躁的心情。课间游戏时间则是幼儿畅快奔跑于户外或游乐器之间的时段，教师只需提供充分器材、注意使用规则和贯彻安全维护即可。如果场地拥挤或设备不足，可安排轮流使用，或利用附近社区及公园的设备来弥补。

户外教学是为了延伸幼儿室内学习的内涵与经验，但幼儿外出时常会过度兴奋，因此需要详尽的事前计划和准备。除了清楚说明应遵守的规则，最好能邀请家长同行协助，有计划的安排有趣的活动；过程中细心引导幼儿观察探索，进行有意义的学习，以免无所事事，沦为只是出游而已。

十一、保育活动

保育活动是指教师在幼儿课程学习之外，维持其活动机能与体力的重要生活部分，例如，餐点、午睡、卫生、安全维护、疾病照顾、联系家长等活动。根据观察，一般幼儿园每名幼儿平均花 20 分钟吃一次点心，花 2~3 个小时在午餐和午睡上。吃饭、午睡都需要教师在场照顾、引导，幼儿各有需求和问题，教师对保育工作应有妥善的安排和处理。

餐饮时间是享受食物、互相沟通的时段，教师可逐步教导幼儿的自理能力，学习自己进食；幼儿若不肯进食，了解情况后再决定是否协助喂食，或多安排动态活动，让幼儿有健康胃口和养成良好的饮食习惯。

两个小时左右的午睡时间，是可能造成幼儿行为与情绪问题的敏感时刻。研究发现，幼儿生活在三个世界中（外在世界、身体世界、内在世界），为了要睡觉，必须放下"外在世界"人物的吸引，通过"身体世界"感觉到真正放松，才能进入"内在世界"无意识的睡眠（Wolfgang & Wolfg-ang，1995）。这个过程对于好动、对新环境陌生害怕，或缺乏安全感的幼儿，都很难顺利通过而达到平静睡眠的状态。教师对此须依个别情况处理，例如，让幼儿躺在安静的区域、放下窗帘、播放轻柔的音乐，或安抚拍背助他入睡等，此时若看影片或听故事带，反而会使幼儿兴奋难以入眠。若经一番努力仍不能入睡，可考虑让他们躺着休息或做其他安静的活动。

在一天中，轮流进行各种不同类型的课程活动时，教师要做的就是给幼儿创设一个丰富、安全的环境，允许他们自由探索、有所选择和依循，不需太多的控制，便能将更多心力用在教学引导上。

第二节　课程活动指导的原则与方法

教学指导会影响课程活动及班级管理的成效，教师可参考下列原则与方法。

一、妥善准备与计划

(一)课程教学活动的准备

教学活动约包括五个阶段的准备与过程（McLeod，2003）。

1. 准备及分发材料

教师预先检查且准备好足够的材料给每一名幼儿，预估活动需要的时间，包括分发材料、安排座位及幼儿等待的时间。

2. 介绍课程

制订课程目标及课程内容，以能激发幼儿的方式来介绍活动，引起幼儿的学习动机。

3. 说明教学过程

制订并解释教学的过程步骤及运用策略，由教师示范解说。

4. 指定工作

分配幼儿工作，看需要多少时间完成，再决定如何继续。

5. 结束活动

结束需有策略，例如，再五分钟要停止活动并收拾，可每两分钟提示一次，让他们注意结束活动时间。

6. 分享结果或回顾活动

以上是大概的教学活动计划时段，因幼儿注意力较短，一个时段应运用多种不同形态的活动，包括：听、操作、个别活动与团体活动等，以维持幼儿的学习兴趣。

(二)教学活动计划

好的班级管理就是要能规划设计有趣的课程活动，符合幼儿的学习需求。当幼儿感觉到学习的挑战且能够成功时，会认为教室是一个有趣的地方。课程计划是做出一个主题大纲来引导思考，而不是写出所有的活动细节；教师如能仔细进行教学准备、使用不同教学策略、小心规划物理环境及有效的组织材料等，都能提升教学品质，达成学习目标。活动安排以课程概念的理解为主，先计划好例行事务的程序，教导幼儿有序的转换活动，有效处理杂务和掌握时间，也教导完成责任的价值。

二、配合幼儿的文化背景与学习形态

学校中有许多背景差异很大的学生齐聚一堂，像是学习障碍、不同文化背景、家庭贫穷或流动不安定的幼儿等。教师在教室面对这些不同背景的幼儿，还是要让他们都能有意义的学习，就如同多元智能对不同幼儿背景的回应一样。教师须考虑学校氛围，反应不同背景幼儿的需要，例如，考量将哪一种背景文化或节日风俗呈现在教室中？有无机会在学校里运用其他语言？学校如何在学习活动中促进多元文化理论？这些都要费心考虑。

有关学习形态(learning style)的研究发现，幼儿具有某种学习形态，可能会对不相容的教学形态产生学习困难。若教师的教学和幼儿的学习形态越能配合，学习就会越好；反之就越有可能产生困惑、焦虑或踰矩的行为。幼儿的学习主要有三种形态(Curwin & Mendler，1988)。

第一种，依赖型：会从事较封闭性结构的活动，依赖外来的增强。教师对此类型的幼儿可扮演专家或权威的角色，提供说明、指导和赞赏来协助其学习。

第二种，合作型：较能从事开放性结构的活动，愿与别人交换想法。教师对此类型的幼儿可提供环境和回馈，扮演讨论引导者和资源提供者的角色。

第三种，独立型：多从事开放性结构的活动，有自信；教师只需扮演资源提供者、修正者即可。

每位幼儿都有其特殊的学习形态，也可能在不同的学习领域中表现不同的学习形态，例如：在某领域的学习较倾向依赖型，在另外领域则倾向独立或合作型。若幼儿本质上较倾向合作型或独立型，在学习时却被要求表现依赖型，则可能会觉得无聊而不再热衷于学习。因此，教师应了解并接纳不同类型的学习形态，提供幼儿多种形式的课程活动和适性的学习辅导。

三、掌握幼儿的学习动机

兴趣是有力的学习动机，做感兴趣的事就会坚持得更久，也能学到更多，幼儿会有成就感，也较少发生行为问题。幼儿也会因觉得学习困难、太简单或没兴趣而不想学，因此需修正课程活动以维持其动机兴趣。幼儿有不同的学习形态、方式、态度、兴趣和背景，教师不能只依赖某种教学方法、讲解说明或坐着写功课，而要提供多样性的教学方法来维持其学习兴趣，也要用不同的策略来教学。

学习动机来源分为内在和外在两种。外在动机是可以得到奖励或奖牌，引发完成教师期望的行为，要靠持续奖励才有效。但对大部分学习者而言，外在动机并非必要，重要的是建立内在动机，像是选择完成一个活动，是为活动本身及完成的快乐和满足感。教师应努力创造一个能促进幼儿内在动机的学习环境(Jonson et al., 2011)，例如能够做到：①把教室环境布置得让幼儿愿意参与，也支持他们的合作及同伴互动；②教室环境让幼儿感觉自由自在、能冒险、学习和成长；③教学尽量提供幼儿选择机会；④鼓励参与广泛的教室活动和方案，应用高层次思考如创造、比较、组合等技巧；⑤彰显幼儿的贡献，让他们乐意完成工作且有成就感，陈列其作品邀请家长来参观；⑥帮助幼儿自我的发现，发展对自己的信心，赞美他们努力完成工作；⑦与家长分享和赞美幼儿正向的表现；⑧对幼儿微笑拥抱多鼓励，表达教师的关心，且了解回应其兴趣及学习经验。此外，能有效促进学习动机的教学，是在幼儿学习的开始、中间和结束的三个阶段都能加强注意不同的重点来维持(Wlodkowski，1980)。

第一，在教学的开始阶段，重视的是学习的态度和需要：培养幼儿对学习内容的积极态度，了解其需要，在活动中满足其需要。

第二，在教学的中间阶段，重视的是刺激和感情：如何刺激幼儿继续学习下去？了解幼儿对学习的感觉是什么？尽量维持其正向感情，注意教学的情意范围。

第三，在教学的结束阶段，重视的是能力和增强：能否协助幼儿学习后获得满意的能力，并设法增强其继续学习的动机。

常见有些活动一开始时幼儿的动机很高，那是因为能吸引他们的兴趣，满足他们的需要；但进行一段时间后动机渐渐低落，可能是他们在活动遇到困难需要协助时，教师却忽略了，或没有来得及提供进一步的刺激协助或精神上的支持。也有活动一路进行顺畅，但到最后未让幼儿成功完成活动，因而体验不到成就感和信心。可见为了维持学习动机和完成工作，在教学过程中的任何阶段都不可忽略松懈；教师更要随时自我修正、解决问题，才能帮助幼儿学习。

四、运用团体指导原则

在指导全班团体活动时如何顺利进行，Kounin(1970)曾建议有效能的教师须能知道教室中任何时刻所发生的事情，且能"掌握全局"并有"同时处理"两件以上事情的能力。教师如能流畅的衔接进度和进行教学，就有助于对幼儿行为的掌握。如果活动转换太快，心血来潮突然宣布进行另一项活动，或不能平稳衔接，容易造成幼儿分心。在活动引导及解释上，如果花太多时间(例如，琐碎教导幼儿如何画树叶的细节)，过度注意幼儿的行为(时时纠正与旁人说话的幼儿)，本末倒置、重枝节、轻要点(重视材料收拾，轻视创意发展)，或将活动进行得支离破碎(边上课边点名，边纠正行为边打电话)，四分五裂(活动不断被打断，不能顺利进行)，匆促杂乱(催促幼儿赶着去上不同的课程或才艺课)，这些容易使幼儿失去动机兴趣、学习效果低落，进而引发行为问题。

要维持幼儿的注意力，教师需要在进行过程中观察幼儿的反应，随时体察个别幼儿的问题和态度，在活动内容、方式、材料等方面做弹性修正(邱连煌，1997)。活动既要兼顾幼儿有机会重复练习新学习的技能，也要避免重复太多次而感到乏味；保持挑战性、具多样性变化、让幼儿能进步成功，就不会失去学习的兴趣。

五、注意流程转换

转换是为了给师生一段短暂休息的时间，但每当改变活动，或离开教室到其他地方活动时，往往稍有不慎就容易浪费时间或产生行为问题。转换时产生问题可能是由于师生对下一个活动的准备不够、拖延新活动开始的时间、对活动期望不清楚，或程序错误等原因所造成(Evertson et al.，1994)。

转换顺利的关键在于组织，需在转换程序上做好，以帮助幼儿适应。就以学校一天的作息流程来说明：当一天的活动开始，可以简短的讨论、介绍活动、检查日期或闲聊问候来展开，久而久之成为例行事务，让幼儿知所专注和明白教师的期许。如果是在同一教室内转换活动，只要给幼儿几分钟舒缓手脚，收拾需要的材料，即可进行下一个活动。幼儿不耐久等，对他们需要有上厕所或喝水的休息时间，设定的距离应该短一点，在教师的视线范围内允许自行前往，打招呼、用信号表示或拿一个牌子放在位子上，让教师知道他们离开去上厕所（McLeod，2003，p. 39），并留意回来的时间。如果是在不同活动空间转换，为避免拖延等待，可以较为弹性的方式处理，例如，在活动完离开教室时，可采用自由离开，分组离开、排队离开，或已完成工作的先离开等方式（黄慧真译，1992）。在上一个活动结束到下一个活动开始前，幼儿常会伴随未完的兴奋心情和话题，教师可设定一种信号系统（如音乐）让幼儿沉淀心情，避免每次活动开始和结束时声嘶力竭的大声提醒。在转换活动前几分钟，给幼儿一个停止和收拾的信号提示，让他们完成或记录好正在做的工作，也是确定收拾好先前活动材料，准备展开新活动。教学材料事先准备就绪，才能避免手忙脚乱、仓促开始；在活动转换前解说使用，不要等幼儿分散后才说明。集合未必要等全员到齐才进行下面的活动，可先展开活动，吸引尚在游荡的幼儿尽快回来。当一天结束时，应确定幼儿收拾清楚自己的东西、发通知单、简单温习一天所学、预告明日活动、提醒应带的东西、等待家人来接。一整天顺畅的活动转换可减轻幼儿心理与行为上的动荡不安，而能踏实充分的学习。

六、善用教学策略

（一）团体教学策略

团体教学是有效的教学方法之一，包括演说、讨论以及教师示范等（Hoover，2003）。

1. 演说

演说通常指知识的口头输出，教师跟幼儿分享知识、学习知识；是以教师为中心，有较多的控制权。演说时教师的解说如果越多越长，幼儿注意力就会越差越短，所以须了解幼儿是否具有听的兴趣和时间。教师的说话技巧也需要注意，例如，热诚、清楚说话、以手势强调重点、与幼儿眼神接触、用身体语言和声调韵律帮助了解重点等，教师可多练习准备。

2. 讨论

讨论强调互动，参加的人彼此表达意见，较倾向于以幼儿为中心。教师是促进者，可以示范，同时也需了解幼儿的能力，指出其中的反应是否适当，并与幼儿练习有品质的讨论。讨论要遵守基本的规则，如果过程中不慎忽略，则要等符合规则后再回到讨论中，以免变成随意、混乱的谈话；最好能聚焦主题，如果离题就加以提醒，并引导回到原主题。讨论应尽量让所有幼儿都参与，而不是只由少数人主宰；以提问激发害羞的参与者说话，也引导他们能听人发言。幼儿如果缺乏先备知识，较难进行讨论，有适当的引导大纲，才会有较好的讨论品质。

3. 示范

示范是由教师担任专家的角色，提供知识技巧及步骤。在下列情况可使用示范策略。

(1)当时间有限，或缺乏需要的材料时。

(2)课程目的是要给幼儿一种模式或程序来遵守时。

(3)必须适当使用，才能防止幼儿接触危险物质。

成功示范需要数量足够的材料，要提早准备好，且能让幼儿充分取用。示范前可先练习，清楚说明和展示过程，用较大明显的材料，增加幼儿参与。此外，教师也要适时停下让幼儿回顾或评估其学习。

(二)小组活动策略

小组活动也是有效的教学策略，有很多益处(前文已述)，教师可让一组幼儿共同完成一个目标、进行多元的方案、学习某些知能或分享兴趣主题等。小组活动让幼儿有很多机会参与及学习，但需要好的班级管理做后盾及支持。

第三节　课程活动设计

课程活动设计是有效教学的参考依据，这是一个复杂的过程，要把发展目标、教学模式、教材教法、学习评量等因素都包含在内，转换成有意义的教学活动，以符合幼儿的需要，达成学习目标。

一、统整课程

教师设计课程时可参考国家相关政策文件。另外，也不能忽略哪些技能或概念是幼儿有兴趣和需要学习的，以及学校课程发展特色等，并加以融会统整。教师可将单元、大主题、小主题之间做联结，与幼儿一同规划持续、连贯性的学习；画出学习主题网并考量接下来的活动细节设计。

- 课程和单元与幼儿的生活有什么关系？
- 课程和单元目标是否与幼儿年龄及课纲相符？
- 如何提供不同学习经验来辅导支持各种形态的学习者？
- 幼儿是否具备课程单元先备知识，能否成功学习？
- 教学能否运用足够的词汇与方法，让幼儿充分了解、学习？
- 幼儿的学习经验安排是否从具体到抽象，有逻辑的呈现？
- 课程内容是否包含适当的深度与广度？
- 每日计划如何与每周、每月、学期计划做联结？
- 如何准备及运用哪些策略于教学活动中？
- 在课程计划中是否兼顾认知和情感的领域？
- 幼儿是否拥有学习材料、图书玩具、视听器材等资源？
- 用什么程序方法评估幼儿的学习？

课程计划包括教什么、怎么教、如何组织和评量过程（Eby，Herrell，& Jordan，2009），设计的步骤包括：①决定一个单元主题及所包含的课程领域；②搜集资源创造初步的单元计划；③考虑幼儿背景知识和学习目标，列出主要涵盖的概念；④脑力激荡、计划学习活动；⑤组织想法和活动，预计课程的实施；⑥考虑替代性计划；⑦评估过程和学习成果，了解幼儿的成效与回馈。

设计课程活动时，教师要统整跨领域的知识内容，把幼儿的学习经验建立在所定的一个主题单元上（像宠物、假日、季节等），通过阅读书籍、深化经验、持续探究来检视这个主题核心，并结合读写、科学、艺术、音乐、体能等跨领域的活动，最后评估学习结果。如何以有效的教学方法完成此教学计划，包括教学分组、取向及策略等（Jonson et al.，2011），与学习内容一样重要。

- 交互应用大团体、小团体及个别教学模式。
- 介于教师中心与幼儿中心的学习平衡。
- 多元教学策略，包括直接教学、合作建构的发现学习、同伴学习等。

教师需运用有效的教学方式来实施课程，如果大团体或教师主导的教学太多，对幼儿不尽合适；以幼儿为中心取向的课程较能提供更弹性多元的学习。"教师为中心"的教学取向是要教导学生基础技能和背景知识，目标是让学生熟练技巧，并转化到其他的学习活动中。"学生为中心"取向的教学，是学生通过讨论、发问、脑力激荡、计划和反应，积极参与学习。教师是引导、促进和支援学习的角色，让学生选择或寻找学习机会，协助他们熟练知能技巧，达到课程目标。

二、萌发课程

无论是以教师为取向还是以幼儿为中心取向的课程教学，都应重视幼儿自主学习的机会，课程不是焦点，幼儿才是。而萌发课程比较多是产生自幼儿的想法、兴趣和成长，可以持续修正，不是完全由教师自订的课程计划。发展过程能反应实际发生的事情(Jones & Nimmo，1994)，在教育环境中到底发生了什么才是重要的学习内容，而不全是理论计划要教什么(Beaty，2008)。

萌发课程的主题可能来自一本幼儿喜欢的书、一则新闻、假期、家庭事件或感兴趣的事等，来源广泛，由师生脑力激荡而产生；萌发出一个课程主题后，将幼儿的兴趣和需求融入其中，回应其兴趣并提供充分的学习机会。设计课程活动采织网(web-bing)的方法，先拟出大概的计划，细节在实际进行后再写出来。主题网只是一个计划，并没有说明如何教或以什么顺序进行，要以幼儿在教室中的行为和反应来决定；可先尝试想法，注意发生了什么，评估后再接续。主题网提供教师和幼儿探讨任何材料或想法的可能性，而教室区域中的材料与活动也要能支持主题的发展。

画主题网时，核心主题在中心；第二圈是次主题(另一种是以课程领域分)；第三圈是相关活动，其后再对应新课纲的活动目标和学习指标。师生一起讨论和考虑各种想法，将之陈列在主题网上进行计划。教师要评估学习的可能，幼儿产生的兴趣如果对他们重要，就可从此一活动开始学习。例如，在爱护地球的主题中，幼儿开始搜集昆虫时，就可展开课程，深入真实的经验，进行像户外教学调查、搜集文件、解决问题及延伸的活动等。教师和幼儿一同参与计划，运用适当图书材料，导入区域探索引导，观察记录活动问题，并持续深入发展新活动。

针对课程学习的历程，"档案"是记录幼儿在一个活动主题上的思想行动，以及所保持的焦点和延伸的兴趣(Lewin-Benham，2006)。当课程活动开始，教师既可设计文件记录幼儿投入的过程、完成的事情及结果；纪录档案应包含：如何开始、为什么做、发展结果以及所展开的开放问题。也可用主题活动相片、幼儿的图画、艺术作品或读过的书来呈现学习历程，这些皆可供学习成果的检验，以及日后规划课程与自主学习的参考。

★案例 4-1　安排欠当的课程活动(许老师)

理论上认为良好的课程活动计划，是达成班级管理目标的要素之一，这句话令我十分惭愧，因为我的班级正可能是课程活动安排不妥，才造成幼儿上课秩序混乱，学习兴趣不高。

课程涵盖六大领域，反观我的课程较偏重语文、音乐，其他则较少排入，而教材的选择上并没有自己设计活动单元，只就市面上众多教材中挑选了读本、游戏卡及一些现成的教材。我班上的幼儿 3—6 岁都有，且中班生比大班生还多，教导大的时，小的就无法兼顾。

教材虽然配合了时令来订单元，但是较偏重语文方面，其他游戏虽有好玩的地方，也不易维持幼儿的兴趣，且难度较大。最常见的情况是程度较好的幼儿早已完成，而较小的、程度较差的幼儿却不知所措，形成部分幼儿早在区域玩或闲逛，其他的幼儿也被吸引而无法专注在自己的学习上。这种游戏本的教材是为了迎合家长的需求，却不能兼顾幼儿认知发展的不同。班上的课程安排分组较少，团体活动较多，也使幼儿容易浮躁不安；加上计划准备均不够，开学初即一片混乱，导致后面的持续失控。

区域活动时间安排的比较长，幼儿依教师每组规定的人数选择区域，只是我们很少去观察和适时引导幼儿，就只是让他们玩。在这段活动中我发现：有些幼儿是固定在一个区域玩，固定玩一种玩具(如积木)；年纪较小或不想玩的幼儿，不是待在教师旁边，就是到寝室中躺下来；教师没有在区域活动中给予刺激或记录，幼儿的动机较不强。

讨论分享活动是在鼓励幼儿说话，班上有一位幼儿，只要一有话题引起他的兴趣或旧经验，他就不停地说，以致引起其他幼儿的不耐烦。分享作品也一样，孩子似乎很难有兴趣，因为觉得"你画的关我何事?"虽然可以提供幼儿发表的经验，但幼儿往往因为冗长而不耐烦。

至于户外活动，一天中约有四五十分钟，上学期并没有安排升旗时间，下学期则考虑将上小一的衔接；但升旗时间着实无聊，且幼儿是陆续到来，律动排在星期一下午，升完旗后并没有像一般幼儿园那样做运动，只有上厕所后进教室。上下学期各排一次校外活动，这是幼儿最高兴的时间，但安全是我们的顾忌，事先都要告诉幼儿游戏的规则。

在整个课程活动安排上，都是一路摸索过来的，因为开学前并没有去规划，因此上起课来总觉得很紊乱。单元方面都是参照读本，加上辅助教材，并没有给幼儿太多启发和思考，甚至也很少考虑到幼儿的需要。一周的小单元如果不统整，会导致无关主题，事实上我和同事也很少讨论课程的事，一周平分成她上周一、周三、周五，我上周二、周四，彼此一点连贯都没有。此外，我们也教一些练习拼音，教学辛苦，幼儿却没耐性学；有一些活动时间太过冗长，如幼儿的经验发表、教师故事说太久等，控制不当也引发了秩序常规的问题。针对这些问题，实有必要重新认识调整，希望下学期能有更好的效益。

★案例 4-2　随机应变的课程安排（赵老师）

学期中，有一次卫生所突然打电话来说，过几天要来做身体健康检查及幼儿视力检查，但不巧的是那天已经排定另一位教师要去参加一个很重要的研习，而代课的教师临时有事不能来，又请不到其他的适当人选，只好我自己一个人面对了。起先我很担心卫生所来检查时秩序大乱，而我又单独一人，不知有没有办法掌握全班秩序。后来灵机一动想到一个好方法，下班时我跑到杂货店一口气买了四斤面粉，回家把面粉加上水、盐、油，做成四个不同颜色的大面团，冻在冰箱里，隔天带到学校。

早上九点，卫生所人员到达，趁他们正在摆设桌子器具等准备工作时，我把面团发给每位小朋友，每人有四种颜色，小朋友都开心极了，不停捏拍着、专心把玩，不会站起来乱跑，也听不到吵闹声。这时我开始叫名字，叫到名字的小朋友放下手中面团，拿着健康卡走到医生那边，把健康卡交给护士，检查完又回座位继续玩面团。面团加了盐和油，所以手里干干净净的，并不会对检查造成不便。一直到最后一位小朋友检查完毕，前后将近一小时，秩序一直很好，只是小声地交谈着，护士小姐很讶异地说："我去过好几家幼儿园检查，就是你们的小朋友规矩最好，检查起来特别顺利。"听到这话我感到很开心。

其实也不是我们一向规矩都很好，只不过今天我抓住了他们的喜好，利用这点来吸引他们留在自己位置上，否则就算两个教师都在场，也未必能掌握秩序。记得以前许多次健康检查，也经常是乱哄哄的，在多观察小朋友的兴趣后，选择他们所喜欢的来做活动，才能吸引他们的注意力，也达成我们维持秩序的目的。

★案例4-3　辅助教材的使用(林老师)

求学时期得到的概念是幼儿小肌肉发展还没完全，因此不宜教写字，最好是"游戏中学习"，可是当我们正式带班时，情况却完全不是如此，尤其在私立幼儿园中，不再是以幼儿为本位，而是家长的要求至上。

在我带班的历程中，最高纪录是使用辅助教材达九本之多，而这些教材全部是园长挑的，内容包含读本、自然实验、数学、注音符号、画本甚至还有劳作的半成品，而使用的理由是：家长缴了学费，他们要看到实质的东西。

幼儿真正待在教室学习的时间(扣除户外游戏时间)只有一个多小时，要在这段时间内将全部的辅助教材消化掉，实在是一件大工程。记得有一次的劳作，是要将半成品的材料完成，材料一发下去，马上有幼儿回应："老师，我不会做!"为了鼓励他动手及安抚他的情绪，我回答说："没关系，老师和你一起做。"糟糕，话一说完，一半的幼儿全跑来说："老师，你和我一起做，我不会!"接着幼儿开始走动起来，声音也越来越大，秩序相当地乱。那时我刚从事幼教，经验不多，当一堆幼儿在旁边叽叽喳喳，又推又挤的时候，我心情烦躁地大喊一声："全部回座位!"结果那个活动草草结束，完成的作品不到三分之一。那一学期为了做完劳作本，几乎每次都在吵闹中进行，但为了有东西给家长看，教师做得比幼儿还多。

第二学期开学前园长要挑教材，我极力要求减少读本的量，尤其不要购买半成品的劳作本，我认为与其完成每个人都一样的作品，倒不如让幼儿自由创作。果然第二学期的劳作课，幼儿喊"我不会"的声音减少了，因为不要求外形之后，幼儿以自己的能力完成一件作品，大大提升了他们的自信心和创意，也增加了对劳作的兴趣。

★案例4-4　户外参观教学活动(刘老师)

户外参观教学活动，在今日幼教课程中已是不可或缺的一部分，但每一回出去既得考虑安危，又怕一大群幼儿的吵吵嚷嚷，不管是参观市场、宠物店、邮局或警局，皆易成虚应故事，加上危机四伏，教师气急败坏、又喊又叫的场面，令我对此却步三分。

后来听了一场演讲，说到参观前须做暖身活动，我就在校园内近处先引导幼儿学习观察的方法，让幼儿累积一些经验后，再出去校外参观。于是我设计了一个观察别人的活动，请一位小朋友出去教室外躲着，班上幼儿开始描述他的衣服式样、花色、发型、鞋、袜、特征等，待大家发表一会儿后，再请小朋友回来对照一下，然后再让另一位幼儿出去，持续练习。

另一次，全班排队出访去厕所的路，然后走另一边走廊回教室，之后再和幼儿讨论厕所有几间？经过哪些教室？哪位老师在做事？看到花了没？什么颜色？走过几个阶梯？幼儿有的都未曾注意，于是全班再做一次五分钟之旅，这次幼儿注意面就广多了，甚至还注意到声音的出现呢！有了这次经验再去户外教学，幼儿就知道要看什么了。

★案例 4-5　混龄班级的教学(陈老师)

我们小学附幼只有一班，原先开学时只有 14 名大班年龄的幼儿报名，在一班未满 30 人的情况下，有小班年龄的幼儿(即满四足岁以上)来报名，依规定是可以收的，因此陆陆续续未满大班年龄幼儿都进来了，使本班变成了混龄班级。班上幼儿大班年龄有 14 名，小班有 17 名，后者占一半以上，这在常规管理及课程设计上是比较棘手的。大小幼儿发展程度不同，要达成的学习目标也不同，太简单对大班不适合，太难对小班幼儿犹如"鸭子听雷"，教学就有困难。所以在上课时大都是大班先一起上，小班则做分组活动或区域活动，等大班活动完毕再让小班来上课，大班则做分组或区域活动。

在常规方面也是如此，由于大班幼儿的专注力较长，小班较短，大班幼儿彼此较能合作，小班则不行。因此在上团体讨论时，大班幼儿显得较踊跃些，小班则是时间一长，就会有浮动现象出现(例如，都要去尿尿)，活动就会受到干扰，这时就要处理常规、维持秩序才能继续进行活动。在区域活动时出现争吵、冲突的情形也以小班幼儿居多，因此在班级管理的建立执行上觉得很辛苦，会把较多心力放在小班幼儿身上。

经过半学期之后，小班幼儿似乎已较适应团体生活，与同伴之间的纠纷已不像上学期那么频繁，生理、心理的成熟是重要因素，而从同学间的互动当中也获得不少的学习。我从中学到如何管理混龄幼儿的班级，像鼓励大班幼儿带小班一起做，请大班幼儿照顾小班幼儿，而当大班幼儿有良好行为表现时，特别对小班幼儿说明，并鼓励他们学习哥哥姐姐，小朋友在向往的心理下，往往就会有好的行为表现，如此慢慢走向成功的班级管理。

★案例 4-6　偏认知的幼儿课程学习（实习教师刘老师）

越跟孩子接触，就越能发现他们是如此好奇地探索这个世界，也越能体会到他们是如何敏锐地关注细微的事物。

今天我们进行肢体想象的活动，本想让孩子徜徉于绿草间，享受身为一只蜗牛漫游于泥土和花草间的经验，试着以蜗牛的眼光与知觉，学习和自然做朋友，亲近它、了解它。此外，孩子也可以学习做自己的朋友，如同认识一位新朋友般的感觉自己。

一般人的观念都很注重知识上的灌输，以为孩子知道了、记得了，就算是达到教育的目的，这就是比较制式化、着重记忆背诵的教学。经过星期一到星期四的"填鸭"，孩子对蜗牛的知识突飞猛进，在记忆一些个别的、珍奇的、片段的知识方面都有很好的表现，然而蜗牛的美与精巧可有走进他们的心房？"能知"之外，孩子"能感"吗？

因为露水的阻碍，我们失去了草坪这天然的情境，唤醒孩子的热情少了一个有力的助手；退而求其次，我们在滑梯旁的空地上展开安静与放松的训练。鼓励孩子想象自己是一个玩偶，慢慢地摆头晃脑，举起双手向上无限延伸，尽其所能触摸到天空，再突然重重地落下，由紧缩急速到放松，一直到脚步弯曲，平躺于地面，全然的柔软与寂静，宛如一个娃娃。班上幼儿的特质是活泼、激动、兴奋，可是这不等于热诚，个人的兴趣与敏感度才是真正的热诚，不一定会崭露于外，它可以是一种宁静的力量。我的发现默默地、少有言语反应的孩子比较能走入"缓慢"的节奏和律动，但也不能说激动与兴奋就不能化为兴趣，只是它有可能是假象。

再回到蜗牛活动，学习静下心来、放慢脚步是我们活动的主要标的，可惜多数孩子处于心浮气躁的状态，无法领略活动的乐趣。孩子明白蜗牛的外在肢体表现，例如，触角的伸展、眼睛的移动以及行走时拖曳出的黏腻液体，不过孩子的言语只是要告诉我"他会"或"他懂"，而我希望的却是"他能感觉"，试着将自己蜕变为蜗牛。明确地提醒、鼓励孩子用心回想蜗牛的形体与姿态，撷取其脑袋里本有的影像而非模仿别人的通俗展示，我的言语却只诱引出孩子知识性的回应：那个是触角啦！眼睛是黑色的……怎么也无法使孩子投入。我们有意兴阑珊的孩子，也有毛躁的孩子，却少了专心领悟的孩子。

我们将孩子带回教室，凭借着他们旺盛的精力，玩一些比较刺激、节奏明快的游戏，情况是那么和乐融融。动与静在孩子身上真的那么难调和吗？我想平心静气、意志集中的心灵成长是需慢慢酝酿的，短暂的欢笑虽然愉悦，却少了细水长流之美，怎么营造这种气氛，让孩子在游戏中感知呢？在陷入试教困境的同时，我忽然想到：班上的孩子或许还不能接受敏感一点的经验，倘若我们先个别以视、听、触觉等五官进行活动，感觉开发，一次只专心一种感官，不知会怎样？不论是雀跃的游戏或安静的体察都含有欢乐的元素，总脱离不了潜移默化的轨道，似乎也不用急吧！

★案例4-7　辅助教材只是辅助(蔡老师)

从事幼教工作的人，编写教学计划和安排课程活动本应是基本能力，可是在辅助教材充斥市场之际，过度的依赖却似乎让很多教师的基本能力消失了。

在我服务的幼儿园里，辅助教材的使用，一直是个备受争议的问题，因它直接地影响到教师课程活动的安排，尤其在家长普遍希望看到一些"有形的"学习成果的心态下，辅助教材在幼儿园里实在很难完全被拒绝。这种现实的情况自然是与我在学校所学的概念有相当的出入，尤其当时初出校门，对想将理论应用于实际的理想也产生很大冲击。在缺乏教学经验的情形下，我的第一年教学就是在追赶的气氛下度过，每天都在"赶课"，除了按单元进行活动之外，还得有教材簿本的练习，一个上午也不过是两小时的时间，其间活动包括了教具操作、团体讨论、点心、户外游戏等。可是，每一簿本必须自第一页练习到最后一页，实在不容许我做太多的逗留，因而往往在操作时，即使遇有幼儿喜欢的主题也不能停下，幼儿会抱怨："每次都这样""为什么每天都要写簿本呢"之类的话。

一年下来，虽然我把幼儿园规定的课程内容"按时完成"，可是我一点也不快乐，幼儿们抱怨："下课游戏时间太短！""今天为什么不说故事？"让我越来越觉得自己已经扼杀了幼儿学习的动力。每当夜深人静时，总不免思索"我今天带给幼儿什么？"幼儿园阶段的幼儿，所有的学习应该是来自游戏、生活；勉强灌输的知识，只能形成短暂记忆，最重要的是，我自己都无法在工作中获得快乐，幼儿又怎能由我的教学中得到快乐呢？

曾经向园长提出不使用辅助教材的建议，不过学校中大多数教师还是希望使用，毕竟替教师节省了不少编写教材的时间，甚至有些连材料都准备好了，更省下教学的准备，因此我只好想其他的方法。第二年开始，园方又购买坊间编好的教学单元及一大堆的辅助教材，我实在不希望自己一直受辅助教材的支配，于是在单元不变的原则下，我将坊间的教学活动做了一些删改，重新写一份教案，毕竟坊间的教学计划是设计者的想法，未必符合我的班上的活动需要。为不使家长有比较的心态，我主动与另一位教师讨论教材本的使用问题，我们选取两本作为每星期周末发回家的"作业"（家长经常抱怨园方不教写字，没有"回家功课"），其余的二本至三本教材则留在学校使用。重新筛选过的教材本并非就适合幼儿的能力，不过是希望辅助教材能一如其名，只是"辅助"，更不应支配教学的品质。

此后三年，我一直都用"改编"的方式重拟教案，而辅助教材在我服务的幼儿园仍有举足轻重的地位，不过我认为既是"辅助"就不该是教学的主流，教师不该过度依赖它，因为那些教材里，其实仍有不少错误，使用的人又怎能不小心？与其站在原地无法突破、误人子弟，我宁愿边教边修正，在教学中找出最适合幼儿的学习经验。

问题与讨论

1. 试分析一个幼儿园班级中，各种类型的课程活动各占多少比例？其开放或封闭的程度如何？幼儿对这些课程的反应态度如何？

2. 观察一位幼儿教师转换活动的情形，如果是你，会如何进行？你是否有一些小游戏、手指谣或其他什么准备，以协助幼儿度过等待转换的时间？

3. 观察教师使用辅助教材或自己设计课程活动的情形，幼儿学习反应如何？是否影响到幼儿发展、教学目标和班级管理的成效？

4. 观察一位幼儿园教师的教学过程，其教学引导的方式策略如何？是否影响了他的班级管理？有哪些优点或缺点？你认为可以如何改善？

5. 教师如何在带领一个班级时，根据不同的幼儿学习形态，提供适合个别需要的学习？

第五章 时间管理

幼儿园作息 VS 小学作息

幼儿园会对在园时间提供一个管理的架构，但如何管理时间还要看教师对教室中无法预测的偶发事件的敏感度，以及如何处理当下所遇到的问题而定。教师通常要在每件事情的各个层面上管理时间，例如，从教学的时间安排，到每天、每周的工作节奏，以及准备教学及辅导幼儿等；还要在学校节奏与个人生活之间不断寻求平衡。他们常用作息表呈现时间安排，实际上却更需要用专业去衡量运用，例如，时间短，有时为了在时间限制内赶着完成预定的工作，会牵动影响许多事情；时间不易掌握，时间表只是一个参考。有些教师一直想打破时间的规范和限制，却始终不容易，掌握时间是班级管理中最琐碎的挑战，若处理不当也会产生困扰。

时间是"学校所能自由处理的最宝贵的学习资源"（Goodlad，1984），每天如何使用时间是重要的议题。罗森赛恩（Rosenshine，1980）曾以小学的案例指出，在一天当中，实际学科学习的时间占了 58％，非课业性活动约有 23％，另外约 19％是转换和例行的活动。小学生每节活动分配时间（allocated time）虽有三四十分钟之久，但其投入时间（engaged time）的多少，却受教师活动安排、课程内容及兴趣方向的影响。幼儿一天的各种活动内容中，非正式的学习和保育活动已占去不少时间，若扣除教师又花许多时间在点名、整理维持秩序、转换活动及结束收拾等方面，幼儿能专心进行学习活动的时间实在有限。投入活动的时间越多，越有可能获得有意义与充实的学习；因此，维护幼儿的学习时间与品质是教师的责任，教师可借观察纪录了解幼儿投入活动的情形及时间的运用。

"琐碎的事情是教师所面对最大的时间强盗"(Charles，1983)，教师除了终日忙于教学保育，还要处理各种突发状况及琐碎事件，想要充分运用时间于辅导幼儿有意义的学习确实不易。在活动过程中，教师如能给予幼儿充分说明、适时回馈、积极辅导，则幼儿会更投入，而这都与时间运用有关。

第一节　整体教学的时间安排

一、安排作息时间区块

幼儿一整天在学校的学习、吃、睡、休息需要妥善的安排，他们可能因为饥饿、疲倦、兴奋或无聊等情况，而影响了生理、心理及外在行为。幼儿园的时间运用，大至整个学期，小至一节课都要考虑规划，例如，一天从早到晚的作息安排，如果安排恰当则活动能顺利进行，幼儿也较能平心静气的参与，否则会影响其学习情绪及效果。但时间不只是作息表上的安排，而是指从事活动实际参与的时间(on-task)范围，作息表只是一个计划，并不能确保真正地参与学习，要将时间充分运用在学习上，才能建立技能。真正的学习需要时间，也需要持续和重复，教师的规划要给幼儿充分的时间和自由去选择进行活动。

一天作息包含各种时间区块，有效的作息可依时间区块来区隔(Jonson et al.，2011)，像是到校时间、晨间时间、团讨时间、自选区域时间、点心时间、户外游戏及故事时间、午餐及午睡时间、自由活动时间、结束活动及离校时间等。时间区块的长度及顺序，可依课程目标、幼儿需求及每日情况而定。哪些活动放在什么时段比较适合？何时吃点心较恰当？午睡时间要多久？小学附幼既要配合小学的作息与设备使用，又要顾及本身活动的特点与连贯性，这些都需考虑做恰当的安排。

教师决定了班级的时间区块顺序后，可画一个时间表，让幼儿知道各时段要做什么。教师如果催赶或强迫幼儿完成正在做的事情，他们可能会缩短学习，表现不情愿、停止或改变所做的事；但如果活动很快就能完成而使幼儿无所事事，此时也需要调整时间。总之，时间区块安排要建立在幼儿的兴趣和需求上，而不是教师的方便，顺序固定，长度可以弹性，让幼儿保有平衡和稳定性，兼顾身心安顿，进行活动能清楚了解和有安全感。每天应协助幼儿有一个好的开端，营造愉快安全的气氛；餐点、午睡时间应照顾到他们生理需求；户外活动可尽情奔放，室内则应举止安静；吃饭时可小声说话，午睡则宜安静入眠等。幼儿知道了作息的程序和应有的举止，将逐渐学会如何有效掌握自己的时间。像意大利瑞吉欧学校，他们认真看待学习过程，给幼儿很多时间，且了解幼儿的经验需要一再重复，一个主题可持续很久，尽情活动不受时间限制。幼儿通常也不会随意转换活动，除非一个想法已被充分"玩"够了；经历这样的过程，才能产生好的艺术和写作作品。幼儿通常跟着同一位教师三年以上时间去建立师生关系，教师也能有足够时间观察幼儿的时间安排，了解每个幼儿对时间的感受与特点，才能给予适当协助。

二、规划教学与处理行政事务

教师如何利用时间兼顾教学准备和处理行政事务？教学与辅导幼儿应优先考虑，在幼儿休息或放学后的时间，再把握时间有效处理行政事务、制作教具和规划教学等。不要赶在幼儿活动时间做其他杂事，以免学习被忽略，或因幼儿无人看管而产生行为问题（谷瑞勉，1997a）；幼儿学习中的乐趣、发现或问题也才能得到教师的关注、分享与辅导。行政处理应多利用现代科技来简化细节、提升效率，避免表面形式，并注意事情的轻重缓急、有效便捷的解决问题，不浪费时间在无谓的琐事上。教师如果能有效率地运用时间，减轻时间压力，就能平心静气做更好的活动规划与引导，也示范良好的身教，教导并培养幼儿珍惜善用时间的好习惯。

三、全园性活动安排

幼儿园在学期中常有因特殊课程或节庆所安排的全园性活动，例如，母亲节、毕业典礼、运动会、户外教学等项目。为了做好这些活动，幼儿需花额外时间不断练习，以求达到教师的标准或家长的期望，往往弄得心情浮动，影响正常学习，而教师也紧张易怒，破坏了师生关系。为了维持教学正常化和幼儿的学习权，表演性质的活动应尽量减少，还给幼儿正常学习的时间和课程；或将此类活动转换成学习成果展现的形式，融入成为平日课程所学，以最经济的时间花费和最自然的表现方式来表现。如果仍有人认为这种表演不够"正式"，就有赖沟通了解什么是学习的主要目的。

四、才艺课程的统整安排

才艺教学被许多私立幼儿园当作是号召幼儿家长的招牌，这些才艺课程与正常活动的交叉安排也造成许多课程辅导、活动转换、时间等待和地点迁移等的问题，影响幼儿学习情绪和班级管理。理想的幼儿园课程教学应是动静均衡、室内外兼顾、团体与小组活动交替的统整性活动，但才艺课程往往要迁就外来授课教师的时间和教学，幼儿常需等待上下课的衔接、适应不同的教学方式与教师教育，以致经常需要调整适应，造成班级常规波动混乱，更不用说学习内容是否统整，学习效果如何了。如能将才艺课程融入平常的课程教学，由班级老师引导教学会是较适当的做法。

第二节　一日活动时间安排

在幼儿园一天的活动中，我们常会看到以下教师运用时间的景象。

升旗结束回到教室上课，幼儿们等待老师手忙脚乱的准备下一个活动要用的教材教具，也等待老师发号施令要怎样开始活动……用餐时间到了，老师忙着准备餐点——分发给幼儿，规定要念完儿歌等一切就绪才能吃点心。幼儿们排队去下一个活动场地时推挤争吵，因为老师还没有安排协调好要用的场地。有时幼儿被催促着结束手上正进行的活动，赶去另一间教室上另一节才艺课……

这些忙乱嘈杂的景象几乎每天都在教室里上演，幼儿教师非常忙碌是毋庸置疑的，但这种忙碌是否带给幼儿学习和收获呢？一天中的时间运用，如何影响了幼儿学习和班级管理？时间运用不当，除了使教学效果减低，也影响工作的情绪意愿和信心（谷瑞勉，1997a），教师会怀疑自己的带班能力和产生浪费时间的愧疚感。幼儿如果常经验到破碎切割的学习活动，学习零星片段的知识能力，也将养成懒散晃荡、缺乏自制的不良习惯，这些现象可从缺乏掌握时间效能的教师的班级中观察到。可见教师的时间安排深深影响幼儿的学习和行为，应经常检讨自己的时间掌握，借妥善计划和谨慎运用时间来改善班级管理。

一、建立行事惯例

日常活动中的例行事务应在开学初就让幼儿学习遵循和养成（详见第三

章），这些例行事务要让幼儿了解、练习、熟练并遵守，才不会事事询问教师、请求协助，增加教师的负担或浪费大家的时间。相关规定应明白、易懂、易执行、不烦琐，让幼儿知所期待，成为团体中合作的一分子。有些活动应简化程序，避免因老生常谈、重复无聊而致幼儿心生厌烦，例如，点名活动除了在刚开学时需要一些时间进行，习惯后就可用较有趣的方式带过，不必每天如此。点心前的念唱儿歌，虽然有利于掌握秩序，但若漫无目的，幼儿将只是有口无心的应付而已。因此教师因检讨相关活动流程，不浪费宝贵的时间在无谓的事上，让幼儿建立良好的行事惯例和遵守相关规定。

二、活动前充分准备

活动前准备充分，活动中才能与幼儿良好互动，适时介入引导。课前准备的范围包括了教材、教具、场地的安排、活动进行的流程，以及完成后的收拾等。教师因比幼儿提早进入教室做准备，以免手忙脚乱、顾此失彼，幼儿因等待过久无所事事而衍生不当行为。对教师而言，无论是活动所需的教具、一本要读给幼儿听的故事书，或 CD，都要事先准备好才能顺利进行活动。课前充分准备才不会因事到临头而焦急恐慌，能够平稳踏实掌握活动流程，以及从容观察幼儿、体会幼儿反应、随时参与协助修正教学，如此，幼儿干扰性的行为也就无从产生了。

三、准确运用时间

幼儿需要高品质的教育，学习机会和时间不容浪费，课程不宜紧张追赶，也不应拖延松散；课程安排不因未加准备、单调、不知做什么而拖时间，也不因内容太多、强迫幼儿吸收而赶进度。善于掌握时间的教师，会把活动时间确实用在引导幼儿学习上，例如，四十分钟的活动时间，完全用于协助、参与、辅导、与幼儿互动，而不浪费在点名、准备教具、管理秩序、要求等待、宣布事情、催促干扰，或其他杂事上面。辅导幼儿学习时，能兼顾每个幼儿，让他们从事有兴趣的活动、预防游荡分心，并记录了解其学习状况。教师的引导和时间掌握越好，幼儿越能专注投入学习，少有分心或不当行为。反之，教师如果在活动中不断叫幼儿"小嘴巴闭起来""请你跟我这样做"，或一直点名、关灯示警、罚站等，才能暂时控制秩序，那就是一种警讯了。教师要检讨的不是幼儿为什么这么不乖，而是自己的课程教学、时间掌握是否出了问题？教师需要立刻反思改进。

善于时间管理的教师不会不当运用时间，例如，该辅导幼儿时却在准备教材；该和幼儿互动时却只顾忙着照相、记录；幼儿求助时不予理睬，或反而在做行政工作等。懒散松弛的时间运用，显示对幼儿学习权的不尊重，也示范了推、拖、催、赶的态度，以及时间观念的缺乏。教师对不同活动形态的时间安排也应注意，例如，对冗长无趣的团体活动，幼儿通常无法久坐，没有长期的注意力，更不会伪装有兴趣，将引起学习和行为问题，应知幼儿注意力的极限，多鼓励参与，不要让他等待太久。幼儿尚缺乏时间意识，也不知为何要等，需要教师教导才能了解等待的原因意义，也才会愿意等待。

四、顺利转换活动

教学主要目标一是组织和监督转换，以便有效使用教学空间和时间，让幼儿专注参与活动不会无所事事；二是让幼儿注意到改变或快要来的活动，以顺利协助转换。上一章已讨论过在课程中的转换，此处再探讨转换在时间上的掌握及影响。转换通常包括三个阶段：第一个活动结束、身体或心理上的离开，以及进入第二个活动。在每个转换中，幼儿都要改变速度、心态、兴趣、活动模式和地点，因此极易分心受影响。如果没有妥善的安排引导，教师浪费在非关教育的转换时间，会占去一天全部活动的40%（黄政傑、李隆盛主编，1993）。如果转换顺畅自然，幼儿既可借以舒展身心，更可保持学习兴趣，减少干扰或其他问题。以下做法可帮助幼儿顺利转换（Jonson et al.，2011）：①教师要准备好下一步要做什么，如果没计划、没准备就不容易转换。②做信号提醒幼儿转换时间到了，例如，放音乐，表示要准备做下一件事情了。③提醒幼儿换到下一个课程或地方前，将场地清干净，并事先准备好要用的材料。④给幼儿的口头指示须清楚，让他们能预知接下来要做什么。⑤请幼儿遵循讯号，例如，收拾材料的步骤，或转换活动的时间。⑥有效使用教学时间，吸引幼儿注意开始上课，也提醒还在游荡的幼儿。⑦开始新活动时确定幼儿已完成前一工作，摘要结束前一活动再带出新活动。⑧让幼儿收拾已完成的工作，放在安全的地方，避免杂乱或被破坏。⑨从静态转移到动态活动，如从阅读到非学科或户外活动时，有系统的引导幼儿。⑩吃完点心、下课、午餐后等着转换到下一个活动时，让幼儿有事可做。

当教师掌握时间转换活动时，还是要尊重幼儿快慢不同的个体差异，避免因赶时间而不当催促。教师应熟悉每日的活动安排，观察幼儿的活动是否要因兴趣持续而延长？或无意进行而提早结束？提醒活动结束，应避免匆促收场的混乱。转换到下一个活动时，应引起幼儿的注意，或用小活动减轻等待的无聊感，像带领唱歌或手指谣。考虑衔接活动的方式，是要集合全班一起转换，或让幼儿完成工作后自动转换到下一个活动？集合时常使动作快的幼儿不耐无聊，动作慢的却焦虑追赶，等集合好又要重新收拾情绪和注意力，因此平时应减少需要集合的次数，养成自动展开活动的习惯，幼儿就不必每次都要等教师发号施令全体一致行动。此外，像安排稳定的活动流程、活动前清楚指示、转换前环境材料准备妥当等，都有助于幼儿适应进入新情况，并节省活动转换的时间。

总之，时间的掌握是班级管理的重要因素，恰当的时间管理不但能促进幼儿的良好学习，更可预防不当行为的发生，教师也能掌握教学品质，成为更有效能和有信心的教师。一位专业的幼儿教师应经常观察幼儿的学习反应、检讨自己运用时间的内涵，让每天"忙得其所"，幼儿也能得到充实丰富的学习。

★案例 5-1　一天中的时间安排(叶老师)

为了满足家长对幼教的要求，我的积极办法是提高教学品质，让家长放心把孩子交给我们。好的教学品质是日积月累的成果，如何有效率地运用每一天是我常思考检讨的，以下是我的时间安排。

8：00至9：00　入园时间

八点以前是教师打卡入园的时间，也是小朋友陆续来园的时刻，进到教室我会先愉快地向小朋友说早安，扫除一早慵懒的心绪，并且和他们话家常，边说边做每天早上的例行工作。

8：05至8：10　早报时间

为教师早报时间，之后各班教师回到班上迎接小朋友，此时也是准备课程、教材、教具的时间。

8：40至9：00　升旗律动时间

周一、周三升旗，周二、周四、周五则由班导师自行安排活动。这学年我带的是小班，小班的小朋友大部分是初过团体生活，抵抗力弱，健康适应问题常困扰家长。缺乏运动常是主因，所以我希望运用本园的特色——翁郁的大树、如茵的草坪，让小朋友有机会多运动。我考虑到要让小朋友安全的驰骋在大草原，唯有与别班的小朋友错开时间，因此我选择早上升完旗或自由时间安排户外活动。我订了一些规则，要幼儿跟我做适量的团体活动(如跑操场二圈至三圈、二十米左右的折返跑、定点跳障碍物、投篮、弹簧跳、呼啦圈游戏等），完成后可在操场上自由探索。若遇下雨无法进行户外活动，我就带小朋友到舞蹈教室放音乐或录音带，让小朋友尽情跳舞；目标就是强身，培养幼儿的运动习惯与兴趣。

9：20至9：40　早点时间

户外活动结束，小朋友回教室前会做好例行工作（包括上厕所、洁手、鞋子脱好放好），进教室第一件事是喝水，这点家长很重视。家长认为常生病的原因是水喝得少，我也很重视，所以开学后就千叮咛万交代多喝水；欣慰的是这习惯已养成，不需要我再提醒。喝完了水，小朋友自动拿出三色碗中的红碗，准备吃早点，本班使用餐点的规则如下所示。

- 看食物的性质，分自由取用或老师帮忙（热汤类）。
- 拿到餐点的人先自动食用，无须等人。
- 在等待拿餐点的时间可以小声的和好友相谈。
- 当拿好点心，坐好位置后就得专心食用，非必要不可说话。
- 用餐完毕的人整理好自己的座位，可自由看书或自由画画，此时因有助理协助，我常和小朋友一起看书。

9：40至10：20　认知时间

吃完点心的转换时间我陪孩子看书，有时说一则故事，有时请小朋友说故事、唱歌或新闻报道，我或小朋友把知道的新闻消息播报一下。转换活动进行完毕，小朋友也差不多到齐了，开始进行"辅助教材"的教导。虽然我尽心用游戏方式引领这方面的活动，但它的确限制了我教学的内容与题材。

10：20至11：00　区域时间

辅助教材的课程完毕，随之而来的是区域活动，班上设有图书角、益智角、绘画角、娃娃角和积木角，每个区域都有其规则，已于开学时陆续介绍过。如何进入区域？我会先准备一份设计好的教具，请小朋友择一，在人手一物下，抽签配对进入区域；但若时间不许可，就直接一次抽四个人的名字卡同时进入区域。区域活动中我扮演多重角色，如观察者、引导者、支援者等，协助幼儿学习。

11：00至12：00　午餐时间

午餐的规矩和早餐相同，但教室还要用来午休，所以另有一些规则。如吃完饭的小朋友先到开放的区域探索，当大部分的小朋友吃完后，请没吃完的小朋友集合在一个区域继续吃，其余小朋友和老师一起当"小蚂蚁"，开始捡拾掉落的饭粒，再带着这些小蚂蚁做口腔整洁工作。时间许可内，我会带领他们玩捉迷藏或大野狼起床了等游戏。12点一到，我们便回教室午休，当然进教室前的惯例小朋友是不会忘记的。

12：00 至 13：50　午休时间

由户外进教室，小朋友的最爱便是"丢炸弹"，各个坐在棉被柜下，等着棉被一件件的压下来，快乐一下！或许有人认为午睡前最好不要让孩子太兴奋，但我们丢炸弹的事迹由来已久，这样的刺激常让小朋友带着微笑入梦，我喜欢把握机会让孩子快乐一下！

丢完炸弹，我会请小朋友像"蜗牛"一样没有声音的拿自己的枕头、棉被到自己的位置睡觉。当小朋友在音乐声中带着微笑入梦，我则利用时间填写教室日志或阅读，做做私事，再把握三十分钟闭目养神与休息，准备下午的活动。

13：50 至 14：30　起床及梳理时间

午休结束，办公室会播放起床音乐，早醒的小朋友听到音乐会学公鸡叫，叫大伙儿起床并开灯，开始收拾整理棉被、上厕所，教师则帮小女生梳理头发，其余小朋友可至区域探索或什么都不做。

14：30 至 16：00　点心及才艺时间

这段时间正是私幼的才艺教学时间，除了下午点心外，大部分是才艺课程，老师只需在旁帮忙秩序的管控即可。才艺课程完毕剩余的时间，我会视天气状况安排活动，园里的种植区是小朋友的最爱，除可种植、观赏外，还可以抓小虫。

16：00 至 16：50　统整课程时间

利用这段时间统整今日课程，顺便预告明日活动的惊奇，但有时也会因时间的仓促或急迫而无法进行。统整与预告结束，小朋友整理好自己的东西等家人来接，此时的区域全开放让小朋友自由探索，教师则接受家长的询问，是亲师沟通的好时机。

16：50 至 17：00　整理时间与快乐回家

这个时候小朋友基本已回家，我开始进行整洁工作并填写好教室日志，做到"今日事今日毕"。

以上大致是我"一天中的时间运用"，当然有时也会有因应特殊节庆所安排的活动而影响一天的时间与课程，但我会尽量利用机会让幼儿学习与成长。我希望自己的每一天忙得有意义，幼儿也有快乐丰富的学习。

★案例5-2　才艺课程的时间影响(张老师)

现代父母因望子成龙望女成凤的急切心情,常导致许多幼儿园为了吸引家长,为了生存不得不增添一些才艺、双语的课程。

我任教的第一所学校就是典型的才艺教学幼儿园,其才艺课程安排是固定的,教师的正式课程反而必须配合它来调整进行,结果不仅乱了一天的活动,也常影响幼儿的学习。才艺课的安排对幼儿的学习帮助是很有限的,在心理及行为上又有极大的压力,归纳以下几点理由。

第一,为配合才艺课的时间,前一个活动常会草草了事,如果正在吃点心,幼儿被老师催促心情紧张,易出现打翻点心、急躁冲动吵架的现象,也破坏了正常的活动流程。

第二,有时需换教室上才艺课,教师又得像赶鸭子般的催促,且要帮才艺教师准备教具而无暇照顾幼儿,影响上课的情绪。

第三,教室的转换常浪费师生的时间,一班等另一班,幼儿因等待而坐立不安,推挤嘈杂易生危险,且幼儿又要适应一间新的上课教室。

第四,才艺课大都一星期上一次,幼儿学习的内容常是杂碎无整体感,上课前须温习才能衔接上一次的教学内容;每次教新课程,又增加教师的工作负担。

第五,有些才艺教师不懂带领幼儿的方法,不知幼儿吸收了多少,只一味地将课程上完,不用承担教学结果,带班教师平日却必须花更多时间去练习。

第六,家长有时希望孩子去学自己未学到的技能,不论幼儿兴趣所在,最好样样都学,造成心理压力和情绪不稳;也有些孩子因此产生优越感,禁不起失败的挫折。

虽然才艺课造成许多不良影响、浪费许多孩子的宝贵时间,但私立幼儿园为招生仍不断出新招,迎合家长需求,完全未考虑到幼儿的真正需要。幼儿的学习是从游戏中自动自发地成长苗壮,教师与家长应以幼儿为先,提供适当的环境及学习课程,不要再让幼儿成为填鸭式教学的牺牲品,而是活泼、主动、充满自信的幼苗。

★案例 5-3　时间与课程安排的心得(欧老师)

记得自己刚毕业的那一年,在第一次上课的时候,虽然没有全身发抖,但是手上的故事书及教材都巳经紧张得换来换去。每次上课总希望该班的教师能在场协助,使班级的秩序稳定,好让我顺利上完课程或带完活动。就这样半年下来,一点长进也没有,只好要求园长换个工作性质,因此才开始真正的带领一个班级和接触幼儿,也逐渐从失败中汲取教训、累积经验。就这样,自己慢慢掌握到一些技巧,在班级的管理上也有一些心得,在上课时不再期望旁人来管理秩序,这些小心得的使用当然是因人因地而异,若能使用得当会减轻许多压力。

方法 1:在活动与活动之间的转换空当,是幼儿最容易吵闹的时刻,老师要熟记一些有趣的童谣、歌曲等,或利用这段时间教导幼儿做手指谣,或临时编一些口令动作,让幼儿活动身体、提高学习兴趣、减少等待的不耐。

方法 2:区域活动结束时,用一个信号(如用摇铃)使幼儿的动作暂时静止,各区域的幼儿都能听到指令不会弄错;这时候教师再宣布开始收拾,提醒动作要安静,交代收拾后要做的事,例如,在哪里集合或坐在哪里等指示。

方法 3:将围成圆形的队伍或座位改成不同的队形时,可利用切东西的游戏将圆的队伍变化成同方向的队形。变化的游戏是选择对面的二人为分界点,告诉孩子这块圆蛋糕被切成两块,其中一块被悄悄地吃掉了,所以那一半的幼儿必须静静的换位置。这个方法在队形和座位的转换上显得有趣又不会引起争吵。同时我们教室的地板是一块块的塑胶地板,我会告诉坐在地板上的幼儿,每个人都有自己的一块土地,不可以坐到其他人的土地上,也不可以二人共有或一人用二块地。因此幼儿在教室的位置空间上不会有挤在一起的情形。

方法 4:幼儿的用餐速度有快慢,吃得快的幼儿回到教室里,若没有有趣的事吸引他,在这段吃点心、刷牙梳洗进教室的时间上,会出现逗留、玩水、喧哗的情形。因此我们班利用这段等待的时间讲一段短短的故事,有时是圣经故事,有时是寓言、童话等,故事不长但简单有趣。除了故事、短讲之外,也让幼儿和教师分享聊天,等到幼儿几乎全到齐之后,就开始正式活动。自从我们实施这段自由活动的时间,幼儿们用餐速度明显加快,在室外逗留的机会也减少。

方法5：幼儿经常使用的文具用品，要加以分类、标号且固定位置；例如：幼儿的蜡笔、彩色笔、练习本、乐器之类，应各自存放在工作柜，标上姓名、号码，使用时由幼儿自行取用即可。有些文具若无法提供一人一份，而采分组使用，也要标上组别放在固定位置，如此可以减少幼儿使用时的争执，有利教师的补充和检修。

方法6：适时请幼儿协助一些事务，教师不见得每件事都亲自去做，反而是能将一些适当的工作分配给幼儿去完成，更能帮助其学习，例如，分发材料、拿取点心、律动的动作带领等，都可以请幼儿来协助完成，使他们有成就感，也减低教师的负担。

教学的工作是鲜活又多彩多姿的，每一位有经验的教师在管理上都有自己的一套，技法运用不同则效果也不同，将班级管理得温馨又快活。很多老师会将别人的方法吸收后，再加以修饰变化，变成自己的方法，所以多看、多听、多学，对幼教教师的班级管理是非常有助益的。

★案例5-4 一个时间安排不当的失败活动（赵老师）

记得有一次园里安排自然科学活动"爆米花"，那天早上大家七手八脚地把带来的材料展示出来，有的带玉米粒，有的带蜡烛，有的带瓶盖，同事和我忙着用铁丝把瓶盖固定在竹筷上。就在老师忙得不可开交之际，教室逐渐躁动起来，有小朋友用玉米粒丢来丢去，我只好放下手边的工作管理班上的秩序。好不容易把一切准备就绪，小朋友被分成八组，每组四人，开始了这项爆米花的活动。起初小朋友爆得很开心，也吃得很高兴，谁知有几位小朋友独占了玉米而引起公愤，老师只好前去排解纷争。好不容易活动在喧闹中结束了，结果我发现地下到处是黑黑的痕迹，玉米也掉得满桌满地，我赶快请小朋友拿抹布及扫帚来清理，整理了将近二十分钟还是非常脏乱。有的小朋友甚至用抹布玩起水来，我赶快请同事带小朋友到户外玩耍，留下我一人慢慢逐一清理；忙了许久，总算把教室弄干净了，当时我还颇得意地想：我把教室弄得多干净呀！可是现在想起来，我们的活动进行得真失败，秩序的掌控也不得法。

首先，我想我们的准备工作不够，因为"固定瓶盖"及"分组"都是必须在前一天或活动进行之前就准备好的，而我们却在活动开始时才准备，当然无法顾及小朋友，而让他们陷入"没事做"的情境当中。其次，如果事先把玉米做公平的分配，使每个人都拥有自己的玉米，就不会发生独占或争吵的现象。最后的整理工作，我该耐着性子让小朋友自己整理，不该把他们统统赶出教室，自己一个人辛苦的做。我剥夺了他们学习做事的机会，该让他们学习清理，即使做不好也能得到经验。身为老师不应"看不惯"就自己做，应该引导孩子解决问题，课程的事前准备和时间安排更是不可忽略。

问题与讨论

1. 与讨论观察记录你自己或某一位幼儿教师一天中的时间运用的情形，你觉得是否恰当，为什么？

2. 赶时间、赶进度是幼教日常生活中很普遍的事，如何能摆脱时间的限制和拘束，让教师能放松心情引导、幼儿能愉快踏实的学习？

3. 观察一位教师如何和幼儿度过一天？教师时间安排的流程如何？幼儿反应及对班级管理的影响如何？

4. 记录一个班级的作息时间表，了解其安排的用意及其实际进行的步调是否符合？有无过于紧凑或太松散的情形？是否照顾到幼儿的发展和需求？

5. 试观察幼儿园中全园性共同活动练习或才艺教学，对整体活动时间的安排进行有何影响？对班级管理产生什么作用？

第六章 环境空间安排

生态心理学家布朗芬布伦纳(Bronfenbrenner，1979)曾指出环境品质对行为的影响。教室空间安排代表了"教室会说话"，教师对幼儿行为的期望往往呈现在教室环境与空间安排上，深深影响幼儿的学习。例如，材料如果乱七八糟的堆放着，幼儿找不到要用的东西，就会浪费许多时间；桌椅乱摆影响幼儿座位和看不到教师，易造成分心混乱或移动困难。又如，桌椅的排列是成排、成圆圈、半圆或成组的，都各有其用意和目的；整排的桌椅可能易于保持幼儿的秩序，但少了活动空间，成组的桌椅则鼓励幼儿合作和沟通，每一种安排都对幼儿的工作和环境认知产生作用。

学习环境建立在设备与材料的物理安排上，一个宽阔开放的环境会鼓励幼儿跑跳，较小或封闭空间则显示需要较安静和有限度地使用。教师有必要将教室布置成一个能刺激学习，有趣且能规范良好行为的地方，把幼儿放在心中思考，让他知道可以尝试什么活动、如何使用各种设备材料及空间等。教师适当的安排可以发展出健康的学习，在一个充满材料、设备的有限空间中，考虑教学形态、课程需要及幼儿学习等因素，去创造好的学习环境，促进幼儿的学习与行为。

第一节 环境空间规划的步骤

教师在规划环境前，应先观察教室里所有的东西，包括大型家具、材料设备及师生用品等，再考虑下列规划的步骤。

第一，先画一张教室图，看看桌椅、区域、各种设备是如何安排的。

第二，检讨教室将包含哪些类型的活动？功能如何？教学是否鼓励幼儿互动学习？教室安排是否反应对幼儿的期望？区域是否鼓励幼儿参与？材料取得是否容易？活动空间是否能鼓励或规范幼儿适当的行为？

第三，检视自己对幼儿的学习了解多少？如何将这些知识融入教学？只有对幼儿学习有深入了解才能在环境上做好配合。可征询幼儿对教室安排的意见，或了解其使用反应以改进环境。

第四，进行使用、修正设计草图的循环过程，不断改善环境的规划与运用，直到适合为止。

第二节　环境空间规划的原则

一、教室的概念

教师可依据"教室的概念"来规划环境（Wolfgang & Wolfg-ang，1995）。

（一）了解教室内活动和游戏的类目

游戏是幼儿课程活动的核心，教师应为幼儿提供丰富的材料，以支持各种类型的游戏。游戏包括知觉动作游戏、象征游戏、建构游戏等，其中第一种游戏多半与户外的运动游戏设施有关，另两类则可充分利用室内设备来进行。

（二）建立空间的观念

在组织空间与材料时，要兼顾"自然的单位"和"安排的单位"。前者是自然形成的活动空间，供幼儿进行游戏或社会活动，像教室中随处形成的空间；后者则是教师所界定安排、进行特定活动的地方，例如设计出的各种区域。两种都能吸引幼儿在其中活动，但安排的适当与否，却会使幼儿产生"建设性的活动"或"冲突性的活动"两种极端不同的行为表现。

（三）以三个标准组织活动区域

在组织或安排活动时，可考虑维持"材料和游戏项目的复杂度""幼儿数目"和"教师参与"三个标准的均衡（Kritchevsky，1969）。其中材料的复杂度又分为简单、复杂和超级复杂三种（黄慧真译，1992），代表每个材料可运用的复杂和多元程度。活动如果有复杂程度越高的玩具或材料（如积木）、恰当的幼儿数目和较多的教师参与，就越能吸引幼儿投入游戏、延长活动时间。因此在教室维持实施三个标准的均衡分布有其必要：第一，当幼儿人数过多无法恰当辅导时，应减少人数，或增加材料与游戏的复杂度。第二，如果幼儿人数较多，应增加教师参与，或材料与游戏的复杂度。第三，如果材料与游戏的复杂度有限，就需增加教师参与或减少幼儿人数。

总之，三个标准的兼顾或互补才能创造良好学习的教室，否则将会产生拥挤、冲突、争执与矛盾等问题。

（四）运用"错误控制"和"自由程度"的观念

规划环境中的游戏区域和材料设备时，可运用"错误控制"（control of error）的观念，允许幼儿最大的"自由程度"去使用材料。"错误控制"是指以尽量减低破坏和意外发生的机会为原则，来安排和收藏材料，这需要评估设备所放的位置恰当与否，是否方便幼儿使用？例如：将容易散失的拼图片收存在盒子里，或将会弄湿地面的玩水活动移至室外等，周全的考虑可减轻教师的介入和清理的负担，幼儿也不会担心做不好。"自由程度"则指能让幼儿使用材料设备的开放性和创造性的程度，游戏材料使用自由度从最高的玩水、干沙、手指画、湿沙、黏土、积木、画图等，逐渐排到自由度最低的拼图、蒙特梭利材料和电脑等（图 6-1）可供选择。教师可在教室中提供这些从高自由程度到低自由程度，不同的游戏材料和设备，让幼儿充分利用，表达其想法和满足其学习需要。

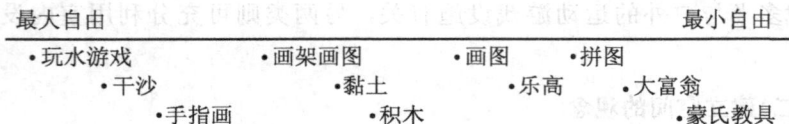

最大自由			最小自由
·玩水游戏	·画架画图	·画图	·拼图
·干沙	·黏土	·乐高	·大富翁
·手指画	·积木		·蒙氏教具

图 6-1　游戏材料的自由程度

资料来源：Wolfgang 与 Wolfgang（1995，p. 221）

（五）创造象征和线索系统

幼儿正在开始学习组织和分类的阶段，活动进行完只要求他们收拾起来是不够的，还要教导幼儿将教室内的材料设备，依系统收藏存放在固定位置。例如，用玩具的标签或图片做成象征或线索卡贴在储物盒上，将材料依序排列或用不同的颜色识别等。教导时可实施直接教学的三个步骤：解说事实与应做的方法、亲自为幼儿示范以及检查幼儿是否确实做到，以确保幼儿学会对环境设备的使用和整理。

二、一般规划原则

除了上述教室概念，还有一些规划环境的原则值得注意。

(一)自由开放原则

教室里的每一活动区域都应依课程目标或幼儿生活所需，加以功能界定和分区(戴文青，1993)。经过清楚的界定和定位后，幼儿较能明白如何恰当运用，并充分接触这些教材教具。借着环境规划让幼儿自由、开放的使用这些材料和空间，接着再扩充提升教师与幼儿间的互动。另外，也需注意安排合宜的动线，让每个人自由开放的使用各区活动时，不至于干扰他人。

(二)秩序原则

蒙特梭利强调幼儿内心早有秩序的敏感性，井然有序的学习环境才能带来顺应幼儿天性的快乐满足(马荣根译，1992)。因此，教师有必要维持教室的条理组织和整齐有序，且须配合着细心教导，才能让这个规划良好的教室被幼儿适当使用。教师应引导幼儿适应、了解和尊重学习的环境，充分利用外也要遵守使用规则。

(三)包容弹性原则

一间幼儿园教室通常要能供应不同作息或活动的使用，例如，除了区域活动外，还要能供应团体或小组活动。一个空间不大的教室更要考量幼儿各种需求与运用的可能，将教室充分利用；除了学习活动外，像餐点、午休等的保育需求也应列入考量。教室的软硬体设施，也应随活动内容或作息需要而调整变化(戴文青，1997)。

(四)安全原则

环境空间的规划要让教师可以清楚看到每个幼儿的活动，视线所及必须是无障碍的。教室内的区隔家具或矮柜的高度，应让教师轻易监督到幼儿在其间的活动，以了解其学习全貌。另外，避免让幼儿接触或处于任何尖锐、湿滑、易燃、有毒的物品或环境中，使用物品也都应尺寸合宜及安全无虞；确保家具、材料、设备和环境中每一个地方的安全，像经常检查椅子是否掉漆、秋千螺丝是否松弛、悬挂的布置物品是否钉牢、花瓶盆栽或墙上图钉挂饰是否会掉落等问题，并随时修补。

(五)教师监督原则

教师须持续监督幼儿使用环境，活动监督有"一对一"和"区域程序"(zone procedure)两种方式(Zirpoli，1995)；前者是针对个人辅导，后者是依区域或小组分别辅导，可同时兼顾较多幼儿，大部分教师会交相运用这两种方法。教室内须有幼儿教师和保育员互相搭配，当一位在处理个别幼儿的问题时，另一位则注意全班其他幼儿的动静，并接管原先教师视线掌握的地区，如此可避免幼儿的骚动不安，教师若无法妥善监督，幼儿就容易失序。

(六)需要独处的原则

幼儿很难整天静坐，需要活动，如果不能在课程及空间上做妥当安排，幼儿常会借故走动，造成教师困扰。在整天的团体活动中，也会有反社会的感觉，或不想跟人接触、想自己静一静，而躲在钢琴、桌子、窗帘或楼梯下面。幼儿这种独处的需要不应被忽略。教师可细心为幼儿在教室安排独处的区域，像在柜子之间、楼梯下面等，布置一个舒服的小空间让幼儿独处，不随意打扰他，只在旁关心其安全即可。

(七)经济环保原则

教室情境布置经常更换，需要大量的学习材料和物资，因此所用材料与经费应有经济性与环保的考量；多以容易获得的身边废物或资源回收再利用为主，或向家长及社区搜集索取，以减少经费的浪费(林政逸，2013)。大部分幼儿教师本就知道要爱物惜物，也善于搜集和利用废物，可再积极引导幼儿养成搜集废物、善用资源不浪费、发挥创意的好习惯。与幼儿一起布置教室或使用材料时，可加以塑封、重复使用、巧于创新，且少用非环保产品做素材，以免伤害环境与幼儿健康，力行环保教育，对幼儿是良好的身教示范与实践。

(八)其他

教室的地板、灯光、门窗、墙壁等地方，也是教室环境的一环。美劳角、科学角设置瓷砖地板比较容易维护清洁；适当的地板会支持适当的行为，也避免了活动的限制。光线很重要，不只可消除发霉物及细菌，且提供富含维生素D的环境；幼儿多和自然世界接触，会较乐观健康。光线也会影响行为，适当减少教室灯光亮度可让幼儿平静下来，增强灯光亮度则易刺激幼儿的能量(Greenma, 1988)，可用窗帘减少光线的刺激。墙壁、地毯、家具的颜色也有影响，教师可以选择适当颜色的配置来引发适当活动。暖色如黄、红、橘能召唤活动，容易刺激幼儿、鼓励做大肌肉活动和促进概念发展(Beaty, 2008)；冷色如绿、蓝、紫，容易平静幼儿的情绪。亮的颜色使小教室看起来大些，暗的颜色则使之看起来比实际的小。教师可发挥创意适当的使用光线、颜色，来促进幼儿与环境的关系。安排教室要常观察幼儿的使用情形，为何幼儿会挤在一起？为何在宽大的教室中逛来逛去？是否必须走过积木区域才到洗手间？哪些区域较受欢迎，哪些又乏人问津？改善这些问题，才能真正提供好环境，养成幼儿自主学习。

第三节　室内外空间与设备材料的安排

一、教室动线安排

教师的教室布置取决于能与幼儿分享哪些经验，有哪些家具、空间、教学方式，可以保留做各种活动、贮存材料的地方，以及让幼儿自由活动和接近材料的安排。教师要能看到全部幼儿、幼儿也要很容易看见教室所有物品、材料要能方便取用，另外还有安全标志（如防火标志）不能被阻挡、紧急出口要通畅等。教室动线要流畅，建立良好动线，幼儿才能有效率地使用和进出教室；而活动切换之时，最可能产生动线混乱，因此最好教导幼儿依一定路线行走或轮换活动，以防止冲撞。维持良好的动线可自由走动、节省时间、减少分心，除了安排各种设备不相互干扰，还要教幼儿如何行动和持续修正（Marzano，2003；McLeod，2003）。

二、室内外墙面布置

墙面布置能吸引幼儿和家长的注意，教师可将它创造成一个有趣、具启发性的学习情境。除了配合主题布置，也可陈列幼儿作品、相关装饰、事项说明、作息表、日历或其他有趣文件。不过，墙上装饰过多会造成拥挤的视觉感受和幼儿心情的浮动，也使教室看起来显得狭小。此外，也可利用教室外墙做一些资讯的陈列，让家长看到重要信息的公布，像学校与班级事件或作息、近日课程活动、亲职教养相关资讯、学习材料等，这会是一个好的亲师、家园沟通管道。

三、地面空间和桌椅位置

教室中除了工作与储藏空间之外，就是留给幼儿使用的地方。教师因先观察幼儿在教室内学习活动的情形，再评估空间可做哪些规划和利用。座位安排须考虑教学形态及常做的活动（McLeod，2003），要有弹性能重新安排家具以进行特定活动，或留下活动、储物和布置的空间，让幼儿有足够空间活动和学习。有些幼儿园为了节省空间，会挪开桌椅让幼儿趴在地上画图、写字及活动，造成不良姿势，其实大部分活动还因让幼儿端坐在椅子上进行。桌椅安置也可与区域配合，考虑不同的目的（如上课、做活动或用餐等）加以变化运用。不要把家具放在门口、饮水器或水管的旁边，并避免让幼儿坐在可能分心的位置，例如，窗户旁、养宠物的地方等。最需要被照顾与关心的幼儿要坐在靠近教师的位置，这样幼儿才能专心活动并随时得到协助。分组活动周围要留下空间，方便教师通过和处理事情、检查幼儿学习进度及掌握工作情形，也能够快速重组并进行另外的活动。

教师的桌子摆放是取决于课程主题、现有空间的考虑，因摆放在不影响幼儿活动的地方。教师桌子的整洁有条理很重要，摆一些有趣的东西，像植物或是家人的相片等，这都会传递一些信息给幼儿：教师很重视整洁与秩序，示范良好的身教，且愿意和别人分享私人生活。如果桌面混乱，让幼儿感觉杂乱无章，就很难期望他们会保持整洁。

四、个人物品与材料存放

幼儿的储物柜应放在入口的地方，而不是要通过许多障碍才可到达，如此幼儿一进门就能将东西放好。储物柜应有易于辨识的标志或标签，开学初即让幼儿练习使用，减少教师日后协助整理的麻烦；衣架、棉被柜、水杯、饭盒等，也应考虑教室空间予以妥当摆放。较少使用的材料应放入储藏室，常用的材料则应考虑方便自行取用。学习材料的储存可由教师安排一个储存的系统，像是用书柜、盒子、架子存放；教导幼儿有效率的使用这个储存系统，练习操作妥善取用及收存，可以减少时间的浪费，养成自理的能力。有效率的材料与教具管理也有助于有效教学。

五、户外空间的安排

提供让幼儿尽情跑跳的户外空间，对幼儿的大肌肉和身体发展有积极影响，是不可忽视的课程活动内容。户外硬体设施除了固定式的大型攀爬设备外，可移动的小设备如：中空积木、各类型脚踏车、沙坑设备、戏剧舞台、不同大小的球等，都可增添户外活动的丰富和趣味性。有些室内设备可随主题变化，扩充到户外延伸活动的发展，室外设备也须适时替换，以保持幼儿的新鲜感。安排户外空间时，应兼顾设立环境、选择器材和提供监督等方面（Zirpoli，1995）：第一，教导幼儿使用户外游戏器材的安全，如有人在荡秋千时，周围走动的幼儿应保持安全距离。第二，确定有足够的器材可使用，否则就限制人数，避免拥挤。第三，户外活动需要特别的监督，应有教师在旁协助处理突发状况。

六、学习区域的设置与使用

教学空间主要包含了学习区域和兴趣区域。学习角是通过设计来达成特别的学习目标,促进持续的实作,增强并支持幼儿的学习;兴趣角则是让幼儿自由选择,刺激他们追求个人的兴趣(Lemlech,1991)。大部分的幼儿园老师会为幼儿建立丰富多样的学习区域供幼儿探索,幼儿可以选择在其中与人合作或独自活动,这对幼儿的认知、情感、身体及社会的发展都很重要;教师则需在各区域之间走动、观察、监督。

区域包括美劳、戏剧、图书、积木、操作、益智、语文、科学、沙、水、音乐、木工等(戴文青,1993)。区域的数量与种类要看课程目标、教室空间和幼儿人数来决定,还要考虑活动目的、材料、噪音程度等因素,做适当的区隔。可用架子或储物柜分隔,幼儿的学习活动才不会互相干扰;分隔物不要太高或遮蔽学习材料,才能看到可选择的项目以及得到教师的适当监督。为了有效使用空间,有些教室会架设一些较高的位置,或供幼儿攀爬的设备,让活动延伸到上一层空间。

空间大小、桌椅数量、储藏柜、水源、电插头等,也会影响区域安排。例如,"低噪音区"的美劳角可坐落在靠近水源、没有地毯的空间,动线不会受干扰。语文角可以是个舒服的环境,桌椅数量说明了能容纳的人数,例如,六张椅子代表可供六个人坐;电脑角、科学角、益智角也都是低音量的区域,可类此安排。"高噪音区"的区域,像积木角,可用地毯来减低噪音,而戏剧角、木工角等,则需教师的谨慎监督,以免产生混乱。"中等噪音区"的区域,包括玩水与沙坑、烹饪的区域等,需要考虑电源及水源。区域之间可用书架、柜子及家具隔开,以形成动线及减弱干扰的噪音,教师还要适时改变和扩充区域的材料,以保持幼儿不断投入的兴趣。教师应提供幼儿在区域中独立的玩、合作的玩及创造性的玩等不同的机会和玩法,促进幼儿与环境的互动,建立良好的学习态度与人际关系。

区域显示可以进行的活动,所提供的不是写出来的课程计划,而是真正能进行的学习活动;当幼儿积极参与所选择的区域活动时,发现亲手操作的经验与生活相关且很有意义,也借游戏操作体验如何使用材料而完成大部分的学习,这是自我发现的学习方式。教师应把整个教室设计成可以通过游戏来自我引导的空间,提供使用材料的选择权,帮幼儿熟练各种发展的需要(Beaty,2008)。

幼儿使用一个学习环境或尝试新游戏时,会先以知觉探索来自我引导,以一个电话玩具为例，一开始会思考如何使用，将之当成槌子或喇叭，这种对新材料的探索是操作（manipulate）阶段，幼儿会用类似形式来操作其他新东西；第二是熟练（master）阶段，不断修订或重复使用，试着推打开关，最后知道怎么用；第三是意义（meaning）阶段，把一个物件运用到较新或不同的方法上并赋予新义，像是把电话放在大积木上玩。大部分幼儿在主动使用材料时，会经历这三个过程，是谓 3M。教师看到这样不同阶段的玩法，知道幼儿是在探索新的游戏材料，明白了这些玩的阶段程度，才知道如何在区域准备好适当材料，支持他们的持续探索，最后创出作品和新意义。教师应仔细观察孩子如何与材料互动的情形。

物理环境会影响幼儿的游戏形态，千篇一律的设备会让幼儿感觉无聊，因此区域也要适时更新，最少每月改变一些设施，但也不要经常做太大的变动。教师可观察教室中幼儿的学习行为，作为重新安排的参考，假如幼儿常在教室乱跑，教室拥挤吵闹，显示知觉上的过度负担，就应将材料和空间适当调整，借此提供新的机会和挑战，若让幼儿一起规划也能增加参与感。

第四节　环境安全

教师为幼儿规划良好的环境，还需为他们的安全把关，对活动做必要的监督，在教室内外各区域活动时，可分配责任管辖区，因此活动隔间不能太高，才能加以关注而不干扰。除了重视教室学习及区域设备的安全外，教师还要注意对意外事故的处理。例如，①保存幼儿的健康记录及父母的联络方法，紧急时可立即处理；②学校需有护理人员随时待命；③教师应了解紧急事件的处理，准备基本的医护包随时应变；④紧急天气事故要有标准程序来面对，像台风、地震时如何撤离返家，可依地区规定练习避难，讨论应变方式并练习，确定所设的安全保障等。学校的安全氛围会通过老师的行为来表现，平常就应保持冷静、稳重，常和幼儿讨论如何面对恐惧和灾难，有适当的练习。平时自然表现爱与关怀，不论多紧张害怕都不形于外，给幼儿充分的安全感，遇到状况时才会把危险伤害降到最低（Beaty，2008）。

户外教学安全方面，教师带幼儿户外教学，须先了解流程及细节，才能提醒安全及注意事项。例如，去农场要了解跟动物保持多远距离才算安全？参观消防队时可否爬到消防车上？两人一组走在一起，学习如何彼此照应？如果搭车，安全的做法是什么？教师应预先前往参观地点，了解如何带领幼儿、要准备及注意什么，也要跟幼儿讨论户外教学的礼节、走过的地方、要探索什么、安全问题等，有周全的准备，才不会沦为只是出去"玩"一趟而已。

幼儿本身也会表现不安全的行为，例如，在教室或走廊奔跑、推挤、爬高、激烈游戏，或用危险的方式使用材料设备等，教师应予预防(Beaty，2008)。

第一，安排安全的活动空间，监督潜在不安全的情况，例如：幼儿喜欢玩水，地上若有积水容易滑倒，必须协助清扫积水才能安全活动。

第二，叫幼儿"不要做"危险的事效果有限，最好指出该做的事，例如，指导幼儿如何爬，而不是禁止他别爬得那么高；注意潜在的不安全行为，将之引导到建设性的行为上去。

第三，"做"比"说"有效，一直教规则，不如在工作时配合动作强调更具体，例如一边切水果一边说"切完水果，把刀拿到旁边比较安全"。在木工桌上锯木头时，为幼儿示范如何正确使用锯子，才能逐渐学会安全使用材料。

第四，让幼儿关心基本安全，和他们讨论教室哪些地方需要注意安全，例如，多少人能在木工区工作、积木堆高的安全性、怎样不伤害到别人等，幼儿需要知道这些问题的因果，才能跟教师一起定规则并遵守规则。

幼儿的个人安全也需要教师关心，经常介入各种机会教育或借由图书、社会新闻让幼儿注意身边危险的人与事，如何保护自己远离危险。幼儿被教过，就比较知道如何去面对，能避免被伤害。但教师也不用刻意夸大身边的危险，只需用一般常识来帮助幼儿学习，让他们了解不要随便接近陌生人，但也非每个人都危险，可与值得信赖的大人讨论他们的感觉经验或商量解决。

教室中如果空间安排不合理，会让幼儿感觉害怕、太拥挤、太空旷、太冷或少刺激等，这会影响他们学习。所以安排一个低压力、高参与、温暖感、活动保持静/动、团体/小组均衡的教室(Beaty，2008)，以幽默和爱与幼儿互动，让他们积极参与经历成功，才会有良好的学习成效。

总之，教师用心规划丰富的学习环境，幼儿才能从中学习探索、表达创造性并发展责任心，从中学到思考发问、解决问题、培养肯定的自我观念和意识。学习环境是潜在课程的一部分，教师必须小心计划、持续检讨改进。教师对幼儿行为的期望，也可借环境安排来引导(Bredekamp，1987)，不需大声疾呼的要求。教师还应保持警觉，随时检查环境使用上的问题。例如，发现常需提醒幼儿小声走路，或他们只想待在教室的某个地方，那就要检讨教室空间安排了，因为这可能反映了空间太大以致幼儿到处乱跑、除了某区域其他都不吸引人，或动线必须重新规划等问题。教师应常检视环境，反思教学目标、材料设备、幼儿发展与学习，以确保环境对幼儿学习的正面影响。

★案例 6-1　空间规划(廖老师)

一个吸引幼儿的教室必须具有良好的学习气氛和情境,幼儿才能在和谐、自由、快乐中学习,因此为孩子设计一个好的学习空间,是我们幼教老师的教学目标及努力的方向。

开学初,我会将区域设计好,每个区域的空间要让幼儿能自由地进出,不致拥挤;区域中的教具、材料分类排放在幼儿容易取放之处并标示清楚,让幼儿利用数字或图形配对方式归放原处。至于教具并不将所有的一次呈现出来,而是先放置一部分,待孩子对物品归放原处的习惯养成并充分玩过后,再做更换,也配合单元摆置。这样一来,幼儿很清楚区域的物品及放置的地方,玩具、教具就无散落一地的情形出现。

区域的布置很容易激发幼儿的学习,例如,娃娃家如果配合单元做情境的布置改变,幼儿在第一天看到时都会蜂拥而上。我会与幼儿先制订规则,星期一第一组想去的幼儿先玩,星期二第二组等,依此类推,久了之后幼儿就能了解规则,也不再有拥挤的情形,甚至会感觉到人太多活动不好玩,亦可学习到社会行为及如何与人相处。

教室的设备与教具充足能提供幼儿较多的刺激,可以玩得过瘾,同学之间相互讨论,在教室管理上就不须多费心。因为幼儿们有事做,就无暇闲逛或捣乱,教师才能静心观察幼儿们操作或辅导其学习,进而设计有趣丰富的课程。

★案例 6-2　空间规划的困境(张老师)

记得刚入幼教圈时,接触的是一家非常传统的幼儿园,又标榜蒙式教学和才艺班。当时的我并没有意识到在这样的环境中教学,自己能获得哪些经验、幼儿能学到什么?只是想要有实际经验罢了!

开学前几天,园长通知我提早来园,他带我到教室要我准备整理一番。只见那长方形不到几坪大的空间里,放了三个大的置物柜、风琴、桌椅,剩下没有多少空间。当时没有空间安排、环境概念的我就开始打扫擦拭教室,一个人又推又拉的将桌椅排成两大排,每排可坐十五人,置物柜分别排至墙边，尽量空出窗户的光线，没设区域就这样先整理一番。

开学的第一天，我抱着紧张不安的心情迎接挑战性的幼教生活，三十位幼儿陆续来园，一会儿将教室填满了，也添加许多哭闹的声音。手足无措的我忙着安抚幼儿，将现有数量不足的玩具分别拿给幼儿玩，那个漫长的一天，不知怎么熬过的。

先天的教室环境不能有太大改变，只有配合课程来做小幅度更动。上才艺课需要大的空间，我就将桌椅搬靠墙壁，而一般课程则须搬回桌椅来提供书写、画图和操作的方便。教室空间的拥挤，加上玩具图书的不足，造成幼儿常在教室内追逐、上课时容易说话、喜欢捉弄他人、常起摩擦、情绪不稳等，那是我最头痛的时候，于是开始责罚幼儿。偶尔也听见、看见同事们处罚孩子而给了我刻板印象，以为教师就是代表权威，当时并未想到是环境安排所造成的结果。

不过，当时也的确很难改变环境和设备上的限制，只有在下午的课程安排多玩些户外活动，一方面让幼儿多活动筋骨；另一方面让幼儿免受困于那狭小的空间，每天写那些没兴趣的纸上作业。一阵子过后，发现幼儿很喜欢下午的来临，我们也约定在教室内的时间不能追逐或吵闹，这个方法稍微改善了我的教室危机。可见幼儿的学习，不只是受教材、课程的影响，环境设备更是一个潜在的重要因素。良好的空间规划可以引导幼儿学习成长、发展自我，但是如果现实环境真的很难改变，就只有在课程上做变化，以解决教室的危机。

★案例6-3 教室环境布置(李老师)

我们幼儿班的教室，原来在二、三楼，后来因为要评鉴，辅导人员来校辅导后觉得不好，校长就把幼儿班教室迁移到一楼的教具室。两间教具室之中有一个拱门，校长为了挡掉这个拱门，就请木工做了一座与拱门齐高的橱柜。这座橱柜规格并不合乎标准，白板位置太高。工程完成后，我在橱柜三、四层的位置贴了一些水果图片，东西摆放也很整齐，但仍觉得教室有些杂乱，就去观摩别的学校怎么做。看完回校苦思改变的方法，有老师建议用布帘试试看。教室的窗帘是浅绿色的，我到布庄买一块绿格子布和蕾丝布料，委托家长帮我裁缝，把一、三、四层的位置用布帘装饰。布帘一挂上去，哇！整个教室感觉都不一样了。剩余的布我又请家长缝两块长桌巾，铺在美劳区及娃娃家的桌子上，再用一块透明桌垫套上。布置及使用后的检讨、感想如下。

1. 多了一些布帘、桌巾，教室整体感觉很清爽、舒服。第二天小朋友看到这些布置，第一句话就是："哇！好漂亮哦！"

2. 娃娃家桌子铺上桌巾，再摆上一盆花，很有"家"的感觉。

3. 美劳区桌子铺上桌垫，小朋友擦拭整理很方便。

4. 橱柜多了布帘装置，杂物被遮住，容易保持美观整洁。

5. 教室多一点绿色，小朋友的情绪较稳定。

★案例6-4　拥挤的教室(欧老师)

在这所幼儿园教学的第二年，自己在教室的空间运用上遇到了一个大难题教室空间实在太狭窄！教室总面积虽不小，但是它被分成三部分，而幼儿却有三十三位，如果要用桌子的话，最少也要排上八张，结果是教室的空间都不见了，只看得到八张桌子，剩下的空间只能让人走路通过。如此的教室让我们两个老师非常伤脑筋，想尽办法改变桌子的排列方式；但教室不能打通，因为学校的建筑是文物保护单位，不得有任何改变与破坏，所以这个困扰使我们在刚开学的那几周尝尽痛苦。

麻烦一：教室的空间小，进行唱游或肢体活动都受到限制，没法展开，活动效果变差，同时会减少幼儿参加活动的意愿，连带幼儿间的摩擦也增加。

麻烦二：每次点心时间孩子在拿取点心的动线总是不流畅，容易发生互撞或等待很久的情况，点心时间拉长许多。

麻烦三：午餐和午睡的转换太匆忙，因为我们都是在自己的教室用餐及午睡，孩子们用餐速度有快慢，在三分之二的幼儿用完餐时，教师就得搬动桌椅、拖地、铺床让孩子午休，真是手忙脚乱。通常等我们拖好地、铺好床时，孩子已经在室外玩得忘记回来了，这种乱象使我们从没有好好吃过一顿午餐。

开学第二周我去询问这班的前任老师，经过指点之后，我们做了一些改变，果然教学与其他活动的进行比较顺利：

改变一：早上点心在第一节活动之前使用并将点心移到户外，因此我们会在晨间活动结束后，找一个绿荫的地方坐下来享用"野餐"(本园的绿化工作是历史的累积，老树绿荫浓密)。如果是雨天或地湿，就请孩子搬椅子到走廊上享用，午后点心则多在教室内，但是将椅子当桌子或者坐在地板上不用桌子。

改变二：少用桌椅，在课程活动设计时尽量少用桌子，如果有需要使用全部桌子的活动，我们就尽量安排在同一个时段，例如：陶土课是早上第二个活动，那么我们会将需要桌椅的活动尽量排在第一个和第三个活动时间。下午较多采"活动式"的课程活动，尽量少用桌子。

改变三：分组活动的设计也稍有不同，需要桌椅的美劳角通常在室内，将语文角的阅读和说故事移到后院（孩子可搬椅子坐在树荫下看书），有时我们也会请娃娃家的孩子在后院进行活动，或改变科学活动为室外教学，如此可减少室内的人数与桌椅的数量，甚至有两组在外面活动的情况。

改变四：对头痛的午餐和午休的衔接改采户外用餐。让孩子在后院或前廊用午餐，当一位老师在盛饭时，另一位教师协助孩子搬椅子定位、洗手、就座。等孩子一切就绪之后，饭菜也准备好了，一点也不浪费时间。同时一位老师铺床、一位陪孩子用餐，教师在整个活动中不匆忙，也能给孩子一个规律的准则。

从手忙脚乱到有秩序，这个转折点就在"将桌椅适时地收、堆起来；将点心搬到户外享用"，这个改变使我们班的活动进行顺畅了很多；虽然在搬椅子、挪桌子上仍然不尽如人意，但是那是我们在最小的空间所能尽的最大努力，也使我们在教学上的困扰减少很多。当自己对教学感到手足无措时，请教资深、有经验的同事，加上自己的思考尝试，确实能解决问题，为孩子提供较好的学习环境。

★案例 6-5　区域规划的精简修正（魏老师）

我任教的学校属于小规模托儿所，教室的空间并不宽敞。班上有二十位小朋友，在教室活动的空间有限，我担心他们会发生碰撞而受伤，因此"在教室不可以奔跑"成为班上最重要的规则。一开始，我将教室规划成五个学习区：语文角、益智角、娃娃角、美劳角和玩具角，因为我觉得这几个是最基本的，否则孩子的选择性太少。由于教室本身就不大，五个区域再加上几张桌椅，使空间显得更拥挤，每天的区域活动更是"热闹上演"。由于区域间的距离太近，不但互相干扰，且常发生"东西大位移"的情形；常可在各区域发现其他区域的东西。其实，在规划教室区域时，我配合了"干湿动静"的原则，娃娃角跟玩具角较近，语文角邻近美劳角及益智角，原本还暗自得意规划的完美，但却忽略了"空间狭小"可能会产生的问题。

所以，当孩子们一开始进行区域活动，我就跟着进入"备战状态"，因为随时都会有状况发生，例如，不一会儿，就有孩子会来说"老师，贝贝到我们的区域玩了!"或是"老师，我们要看书，他们都一直吵啦!"这是每天几乎都会有的问题。虽然班上有必须遵守的规矩，但每次玩区域，大概过十分钟，区域间的活动已变成互相干扰：玩玩具的人开始把玩具搬去娃娃角，难道玩具本身不好玩吗？还有比较火爆的小男生，会做各式手枪，然后到各区域去"射人"，严重影响其他小朋友的活动，甚至有的小朋友就拿书来"对打"了。当这种情况出现时，小朋友的情绪就跟着激动，很多人都抛下手中原本的工作加入"战局"。

在混乱一阵子之后，我才发现教室的规划出了问题。当孩子吵闹或迟迟无法遵守班上的常规时，就该多方面思考，因为问题不是只出在幼儿身上，也未必只是软体上的问题，像这次，就是硬体的教室情境出了问题。我的解决方法主要是减少区域，但不减少幼儿的选择性。我先将益智角与语文角合并(益智角多以拼图及扑克牌、配对卡为主)；然后在娃娃角增加大积木，并准备一些旧的小玩具让他们当菜炒，如此一来就可以减少玩具大搬家的情形；而其他的区域维持不变。少了一个区域，教室显得较宽敞，孩子活动时也不再那么拥挤，而且去语文角看书、操作教具的人数也增加了。

问题与讨论

1. 观察分析一个教室的物理环境规划，它如何引起或避免引起幼儿的行为问题？如何培养良好行为？该教室应如何满足幼儿的学习和心理需要？你有何建议？

2. 对于教室空间原本就小的先天限制应如何克服？

3. 如果班级或学校的资源经费不足，你将如何为幼儿准备一个丰富与适合学习的环境？此一困难如何解决？

4. 观察一个班级的幼儿如何使用现有的空间安排和设备材料，表现出哪些行为和学习态度？这些行为态度与教师的期望是否一致？对班级管理有何启发？

5. 依本章中所提到的环境规划原则，你可选择一个班级的情况加以分析讨论，看是否有符合或违背的地方？该班教师的考虑如何？你认为可以如何改善？

第七章 人际沟通

　　想管理好一个班级，只从前面各章几个角度着手仍是不够的，周围各种人际关系的应对沟通，也会对教师的班级管理造成直接、间接的影响。

　　第一是与领导的关系。学校领导的政策方针和幼教理念，对教学方向有直接影响，也间接决定了教师班级管理的方式。理念正确可推动贯彻和提供帮助，不当的理念却会妨碍正常的运作。因此与领导沟通，共同维护幼儿教育的理念原则，成了幼教师责无旁贷的工作。

　　第二是与同事的关系。无论是同班搭档或他班同事，教师搭档教学本是合乎需要的安排，但也产生了沟通与协调的问题，造成对教学的负面影响（江丽莉，1997；欧姿秀，1998）。班级一般包括幼儿教师和保育员，他们如何沟通以及如何与理念不同的同事搭档，达到班级管理和教学的共识，是一个常在的挑战。

　　第三是与幼儿家长及其家庭文化的关系。学校教育若无家庭的配合，往往事倍功半，甚至有可能前功尽弃。今日幼儿园中，幼儿家庭的多元文化背景已是普遍现象，教师除了要在幼儿的教学管理上尽量争取家长的了解与支持外，更要对幼儿家庭的文化背景有所了解与尊重。对多元文化的了解已是幼儿教师的必备知能，不允许带着偏见面对幼儿。

沟通需要学习与锻炼，是一个不断行动和成长的过程（曾端真、曾玲珉译，1996）。经过沟通可以刺激思考与行动、理性合作、寻求共识、集思广益和解决问题，幼儿教师透过积极沟通可以商讨理清对班级管理的理念，减少对立冲突。

第一节　与领导沟通

幼儿教师与其领导基于不同立场，对教育幼儿会有不同的观点做法。私立幼儿园可能是理念冲突，在学校生存和幼儿利益之间拉锯；在公立幼儿园，则有因小学校长不明了幼儿教育，却身为领导有权做决定而造成冲突。幼儿教师多处于层级和权力结构的弱势地位，面对教育机构求生存的压力时，通常不知如何沟通或争取，长期沟通失败会觉得无力而选择沉默，但这无益于状况的改善，还是要靠理性沟通去解决歧异。

一、不盲从、适时表达意见

幼儿教师平时对领导多是顺从，但盲从或无奈的听命于领导，久之会造成困惑和随波逐流。对不合理的教学或管理要求也应适时表示意见和信心，若不能坚持维护教育的原则，将无益于幼儿成长，也无法言行一致的管理班级。幼儿教师如能对自己的理念、实作不断质疑反思，自然会产生信心，不轻易动摇，更有勇气去理性沟通。

二、将冲突对立转化成沟通和改变的时机

在与领导产生冲突时，不妨想想对方的背景与考虑和自己有何不同，先放下愤怒情绪，保持理性平静的态度，才有接纳彼此意见的可能。解决冲突应及早，不要等累积或恶化了才处理，而且就事论事、避免情绪化，在理性的情况下进行沟通。

第二节　与搭档同事沟通

一、搭档教学的问题与影响

两位教师搭档教学的情形很普遍，而教师间如何共事相处，会对班级管理产生影响。研究发现，教师间的沟通、与搭档教师的相处是教师教学的一

大困扰(江丽莉，1997)，甚至可预测幼儿教师的离职(张美云，1996)。过去有关幼儿教师搭档教学的报告(吕翠夏，2001；杨俐容，1998；欧姿秀，1998；蔡佳琪、吴佳容，1998)显示，教师的协同关系会因个人教育理念、习惯与态度不同而存在差异，需要沟通协调才能营造和谐气氛，推动顺畅的班级管理。搭档合作不仅影响共处成效，更影响幼儿的学习与表现，下面是一段观察记录。

教学时两人各教各的，未做协调沟通，步调也不一，孩子这一周被引导出来的兴趣下一周换老师教就被引到不同的地方，等于再回到原点，孩子的发展学习是零碎而断续的，没有线的自然牵引，也没有面的完整。两人各负责教一周，不是自己教的那周就不管，轮到自己教时再整肃一番。教师没有提供完整、足够的时间让孩子去建构想法与学习，孩子只是被两个不同的教师拉着、被时间推着，不知往何处去。

在生活教育上，常出现甲老师要纠正孩子行为时，孩子会回答乙老师说这样可以，反之亦然。当老师们口径不一致时，孩子便莫衷一是，看事情问人，也会看人问事情，要根据什么来判断是非对错呢？两位老师在教学上各行其是，在生活教育上也没有共识；一个教室就像一个家庭，两位老师如同父亲母亲，父母亲感情不好，自然就没有和谐的家。两位老师的问题到底是因为不同意对方？不愿意沟通？还是因缺乏沟通而不同意对方？与其勉强在一起痛苦相处，不如请调到别的学校去，只是下一个伙伴会更好吗？一定合得来吗？只有学习把共事者当朋友，互相沟通、异中求同，才有可能改善关系与教学。

可见搭档关系深深影响教学品质和班级气氛，探讨搭档的互动，有效增进搭档教师的合作，实有迫切的需要。

搭档教学的优势在于，能借由两人合作相辅相成，发挥比独自工作更有效的力量，而达"相乘效果"(苏建洲，2003)。搭档教师如能互相合作、相辅相成，其成效是比个人单打独斗要来得高；两人彼此支援、分担责任，对教师的心理卫生及教学效能也都有帮助(吕翠夏，2001)，但也可能会面临角色与责任重叠、沟通协调及适应差异上的问题(简佳雯，2003)。由于幼儿园师资培育的制度几经更改，在职教师的背景各异，加上年龄、经验、人格特质、教育理念等因素影响，使得教师需面对与搭档合作的挑战，学习了解和尊重同事。

二、搭档教学的形态

幼儿园教师搭档教学可分为三种情况：一是最佳拍档；二是梦魇组合；三是调适的工作团队(欧姿秀，1998)。第一种是默契十足，教师理念相同、目标一致，意见不谋而合，对教室的任何情况都能补位主动处理。第二种的工作伙伴彼此不以为然、互不相让，当同事情感交恶、理念相违时，常令幼儿与家长无所适从。第三种是平时相安无事，但遇意见不同或冲突事件时，就是彼此关系变化的关键。当冲突出现时，有些教师能有效化解，让彼此关系朝最佳拍档迈进，有些教师却无力解决或选择逃避，致使问题累积成为梦魇组合。

搭档关系有三种(江丽莉，1998)。

第一种，"船与桨"的关系：两位教师的合作是由一人负责道引大方向，另一人协助到达目的地，两者之间紧密合作确保整体性。

第二种，"主、从""上、下""姐妹"或"朋友"般的关系：两位教师因思想与生活上有较多的共通性，发展出如姐妹、朋友般的工作情谊。

第三种，"教师与学生"或"亦师、亦徒、亦友"的关系：一位教师扮演学习者的角色，另一位则以指导、带领的心态与搭档共同带班，也形成良好关系。

教师协同教学的搭档模式有(李智令，2002)以下几种。

第一，团队教学模式(team teaching)：每一单元主题轮流由一位教师主导教学，另一位协助。

第二，合作呈现模式(co-presentation)：与上述相似，不同的是同一主题中的不同单元由一位教师主导教学。

第三，一主教一协助模式(one teaches, one assists)：两位教师中的一位是主要负责教学者，另一位是协助者，穿梭于学生之间适时提供需要的协助。

第四，一教学一观察模式(one teaches, one observes)：一位教师进行教学，另一位只观察并提供建议，有时会角色互换。

第五，教学站模式(station teaching)：两位教师分别在固定地点，负责部分课程教学，以轮桌方式轮流指导分组的幼儿。

第六，平行教学模式(parallel teaching)：机动与弹性分组，视课程进行情形将幼儿分组，可能每次分组不同；两位教师一起计划课程，但分组进行教学。

第七，补救教学模式(complementary instruction)：当一位教师教学时，协同教师视学生的学习状况予以个别辅导，为程度较好或较差的学生提供额外辅导。

上述分类说明了搭档教学的各种相对角色与任务，以及可能产生的问题来源。

三、成功搭档的要素

无论何种搭档方式，把生活思想背景不同的两人放在一间教室合作教学都是不容易的事，加上忙碌的教学活动、幼儿辅导和生活管理等，让老师们疲于奔命而"没有时间"或"没有力气"跟同事进行沟通（庄淑玲，2004）。许多教师将问题、冲突隐藏不愿曝光，结果问题不仅无法解决，还导致恶性循环。搭档教学要能成功互动的要素是（吕翠夏，1998）：①两人截长补短，让彼此的专长得以充分发挥。②不拘泥和固守自己的角色，而呈现动态的行为模式。③积极主动的互相沟通激励，促进彼此的感情和合作士气。④专业理念与精神的契合，比其他条件的配合更重要。

两位教师的相处以尊重为首，尊人自重，教学上要"三心二意"。"三心"就是耐心、关心、同心：耐心听取对方的想法，关心对方的感觉，同心共营良好学习环境；"二意"是诚意、善意：表达诚意与对方沟通，出于善意提供意见，舍去个人主义，分工合作共同参与教学（张银凤，2000）。

另可从三方面着手培养搭档教学的艺术（吴燮华，1995）：第一方面，学校主管应尊重教师自行选择理念相近的同事搭档教学。第二方面，教师需认清自己的角色，做好本身工作，尊重对方，做善意具体的沟通，彼此欣赏鼓励。第三方面，双方若无法沟通，可加强自我修养，退一步海阔天空，慢慢开发交集范围，耐心建立同事情谊培养默契。

四、以沟通解决搭档冲突

要深入剖析搭档教学的问题与处理，须从了解沟通、解决冲突讨论起。

（一）了解并建设性的处理冲突

由于每个人有独特的观念感受和行为模式，与人不合时就会有冲突发生。但冲突不一定会伤害人际关系，而是在处理冲突时使用了有害的方法，像是退缩、投降、攻击等，就会于事无补。如能建设性的处理冲突，结果未必不好，包括双方愿意处理、认清冲突的类型、以合作代替竞争、运用幽默、直接沟通进行协商，以及从处理的失败经验中学习等（曾端真、曾玲珉译，1996）。

1. 有处理的意愿

除非双方有意愿达成和解，才能处理冲突；如果一方不在意维持关系，则无法处理冲突。当人们能认清冲突的类型，比较能有效解决。通常冲突分为以下四大类型。

第一类，假冲突：是一种即将发生的冲突，起因于两人为了一些不能兼得的期望而吵架，只要采取变通的方法就可以兼得。

第二类，内容冲突：起于事实层面的争论，如果争论是关于事实的解释、推论或定义，应先收集与问题有关的资料，将冲突定位在问题本身。

第三类，价值观冲突：是对生活中的问题有不同的观点所致，平时我们以自己的价值观来做抉择，与人的价值阶层抵触时，便会产生价值冲突。

第四类，自我冲突：冲突中的人把输赢当作自我价值、能力、权力的标准，这通常是最难处理的类型。应避免让冲突升高至自我的层次，尽量拉回内容层次。

2. 以合作替代竞争

人们是否能成功的处理冲突，要看双方是存有合作或竞争的心态。如果是竞争，人们就会采取负向策略以赢得冲突，已有自我介入，会很快上升至自我冲突的层次；若是合作，人们则会采取问题解决步骤，以达到彼此都满意的结果。

3. 运用幽默化解

幽默感能较好地化解紧张并提高自己的工作情绪，如果遇到批评或冲突时，可试着以幽默面对。如果双方关系较好，一方能接受另一方的揶揄和玩笑，不会将此当作是攻击行为；但揶揄和玩笑必须是善意且能为对方所接受，这样才有助于化解冲突。

4. 从失败经验中学习

冲突的形成很复杂，纵使双方有诚意沟通，有些情况仍无法解决。只有不断从失败中学习，冲突才能处理得比较成功。

(二)寻求他人协助

当双方沟通协商不成时，可请催化者或仲裁者协助。催化者是能帮助进行合作性讨论的公正第三者，能运用问题解决的方式来处理冲突。仲裁者也是公正的第三者，他在聆听双方的叙述之后，评估各种可能，协助做一个结合双方需求的决定，让双方都愿意遵从。园内的资深同事或主管都可以是这种角色，从搭档组合的安排、平时居中协调，到出现问题时的弥补修护，都有介入协助的机会。在带班配对方面，主管可依平日对教师各方面的了解，为教师安排适当的搭档；在共事过程中多观察，随时掌握状况，问题出现即可疏导沟通、扮演桥梁或提供参考，必要时更可调班或改变分工。适当人士的关心与介入，有舒缓情绪、提醒冷静思考、排难解纷的功能。教师平时也要能主动向这些人请益，寻求协助解决问题。

从另一个角度来看，虽然搭档因意见不同而产成冲突，但若能善用这种冲突，往往也能产生创意与积极的策略，不过前提必须是基于健全的、关怀的同事关系。在幼教工作中，同理、倾听、问题解决、沟通等都是重要能力，幼儿教师应有所准备与学习。

(三)关怀是沟通的基础

教师的"理念""习惯""态度"三者，影响着搭档合作及班级管理的成败(欧姿秀，1998)。其中理念与习惯已是既成事实较难改变，态度反而经常被当成"诚意"与"尊重"的指标；态度的表达与接收，是搭档之间真实的沟通表现，要从最根本的关怀对方做起。

1. 关怀工作伙伴

不同的成长和背景会造成教师在教学和教育上不同的想法与做法，因此沟通应避免预设立场，像是"他就是这样""我跟他无法沟通"，而是要设法了解对方。借着谈话、互动建立友谊，再逐渐说出彼此观点，有疑惑随时讨论，避免小误会变成大鸿沟(谷瑞勉，1997a；吕翠夏，1998)。将亲切的问候语常挂嘴边，多欣赏同事的优点，对其生活表达关心，并适时运用赞美等，这些都是拉近彼此距离的方法。在这种关怀的基础上，沟通将能减轻敌意和防卫性。

2. 加强沟通能力

有人话一出口就引起误会，有人却能说得误会冰释，其中遣词用句、肢体表情、掌握气氛的能力都有影响。沟通是双向的，除了说话也要听话，运用积极聆听(欧申谈译，1993)并给予回馈，让对方感受诚意和被尊重。一旦展开沟通，就会发现对方意见总有可接纳之处；或借着讨论切磋，求取共识和解决。实际练习沟通技巧也有帮助，包括：①非语言技巧：态度恳切、面带微笑、音调和姿态的运用。②语言技巧：使用文字以增加信息的清晰性。③自我表达技巧：使别人更了解你。④倾听和反应技巧：解释他人的含意并分享。⑤影响技巧：说服别人改变其态度或行为。⑥营造气氛的技巧：创造正向气氛较易达成有效沟通。

3. 不忘自我要求

沟通时，教师也要加强自身功夫。

(1)常反思、改进自己的缺点：如果不易发觉自己的问题和缺点，可以和同事互相讨论，或请领导协助检视自身的问题，这要在双方诚恳的原则下进行。

(2)减少疑心、不自我防卫：当别人在批评自己时，不要当成是挑剔，可用以检讨自己作为改变的依据。

(3)接纳"异见"：除了接受相同的意见外，也应听听与自己想法不一样或批评的意见，思考并接纳别人的合理批评。

(4)给自己时间：沟通要慢慢来，不要一开始就抱持着无法沟通的敌意，或累积不必要的人际压力。

五、情绪与沟通

面对冲突和处理冲突是教师的重要功课，而"情绪管理"更是教师成长的一大考验，情绪影响教师的思考行为，也和个人的身心健康、工作效率有关（颜淑惠，2000）。幼教教师经常要面对幼儿的情绪问题，也要随时注意、了解和掌握自己的情绪；有负面情绪时，可借积极倾听接收情绪信息，察觉自己的问题，提醒勿陷溺其中。另一种方式是平静下来慢慢"放松"，在冲动之下学会放松，能够缓和问题；而适当的宣泄情绪是一种"清理""澄清"，虽然不能把有害的感觉完全除去，但能接触内在更真实的自己（唐玺惠、王财印、何金针、徐仲欣，2005）。教师平日教导幼儿要了解自己、接纳别人的同时，对于本身与搭档之间的互动沟通也该认真看待、好好学习。

第三节 与家长沟通

布朗芬布伦纳（Bronfenbrenner，1979）的"生态学理论"呼吁要从幼儿的家庭、社区和社会背景去看待幼儿。"家庭系统理论"则提醒，家庭中每个成员之间彼此都有关联，幼儿和家人是不可分的；教师支持幼儿的家人，就是支持幼儿的身心健全发展。这个以家庭为中心取向的观念相信家庭是幼儿生活的核心，是他们第一个也是最主要的老师（Chud & Fahlman，1995）。每一个家庭的血统、文化、宗教、语言及社经地位都应受到尊重。如果父母相信自己能帮助幼儿获得成功，就愿投入对幼儿的教育，看到教师认真诚恳；幼儿希望他们参与，他们就会愿意投入更多（Hoover Dempsey & Sandler，1997）。

父母参与幼儿的学校教育，能奠定幼儿学业成就的基础，因此要让家长知道他们参与的重要性，以及教师重视他们的观点。

一、建立与家庭的伙伴关系

现今家庭组成形态多元，幼儿有跟父母、祖父母、其他亲戚一起生活的，也有来自单亲家庭、混合家庭，有领养家庭等。各式各样的家庭背景使教师在与幼儿建立互信关系时，遇到很大的挑战，也影响教学的推动。教师须了解幼儿来自何种家庭，是什么样的学习者，邀请家长作为教育的伙伴，打开双向的沟通管道。父母也希望教师能协助管理孩子教养的问题，教师如获得信任，家长就会支持他们。但教学中也难免会遇到一些比较有困难的家庭，增加建立互信的难度，包括(Jonson et al.，2011)以下方面。

第一，有侵略性的、愤怒的家长：他们可能是得到错误信息或沟通不良，教师应借沟通把不利情况转换成建设性的关系；针对问题说明自己的考虑及对幼儿的影响，不要一味责怪或要求家长。

第二，冷漠的家长：很少来校或回馈联络簿，可能是不喜欢学校、对学校有不好的印象或误解，也可能是语文能力、家庭问题，或另有原因使他们不愿跟学校接触。教师仍应透过各种媒介与家长保持联系。

第三，被动、不情愿的家长：不愿跟教师分享信息，也听不到他们的意见，家庭有可能遇到失业、动荡或沟通不良等问题，教师要敏感、有耐心、把握机会沟通，不放弃继续努力。

第四，焦虑的家长：对学校的事情很感兴趣且很合作，但有时过度关心，以致表现疑虑紧张。教师应了解原因，感谢其支持参与，请他们放心面对学校和幼儿的学习，保持正向回馈和合作。

家长的态度可能反映了缺乏或不良的沟通，但无论家长对学校教育的态度如何，教师都有责任去建立且维持正向积极的关系。要耐心倾听，避免过度防卫，说明幼儿问题时应报告所观察到的行为，而非个人意见，以诚实关怀尊重的态度面对家长，较易建立正向关系。

二、了解与尊重幼儿的文化背景

教师与不同文化背景的幼儿和家庭开展关系，是很具挑战性的，有些家庭不把教师视为提供资讯和资助的来源(Bowden，1997)，但这些家庭最常处在亟须要、却未获得支援的处境。少数家庭的父母很少与孩子的教师联系，却期待听到孩子的进步；他们很少发问、很少参加学校聚会，原因是因为自己觉得语文能力不够好、教师看起来很忙好像不太想和他们谈话，或他们的文化认为以恭敬态度对待教师是最适当的，因此他们视教师为权威（Bernhard，Lefebvre，Chud，& Lange，1995），不敢接近。缺乏沟通就会影响教师和幼儿及其家庭的关系，因此教师必须积极去了解幼儿的家庭文化。

多元文化学者 Gonzalez-Mena 与 Bernhard 指出："在幼儿的日常生活中，没有任何东西可从其文化背景中分离"，"文化不是直接传授的，而是从孩子的养护人之间的互动产生的"（1998，p. 15，引自任宗浩主译，2006）。以美国为例，幼儿照护与教育的主流文化是"适性发展的实作"（developmentally appropriate practice，简称 DAP）。这个幼儿教育的计划放入所有的幼教内涵，包括：幼儿的保育、游戏、社交与课程等，教师每天以此标准与幼儿教学互动。DAP 强调个人主义与独立性的欧美价值，使用欧美式的教导与学习方法，但这些价值与方法却不是普适的，也未必是最好或唯一的标准；世界上有许多其他文化，按照不同的信仰与价值在养育他们的孩子（任宗浩主译，2006）。反观我们社会的主流文化在看待其他非主流文化的观点时，也有类似的情形。例如，教师会以他们的观点看待和要求幼儿家庭的教养观，一旦有所不同，就容易倾向于批评或排斥，很少进一步去了解和接纳。

学校通常按照政府规定的目标去设置管理，价值观代表主流意识。但"学校预期的行为，对某些不同文化背景的孩子在家中和近邻的需要来说，是疏离陌生的"（Gonzalez-Mena，2002，p. 293），幼儿处于这种环境可能会有孤立、疏离与冲突感（Chud & Fahlman，1995）。他们的才能、竞争力得不到肯定，原本家里认可的事情或行为，在学校却变得不妥；出身不同文化背景的教师甚至把某些行为看成是不适当的或必须纠正的（Garceda Coll & Magnuson，2000）。一旦教师否定幼儿的文化而不予支持，幼儿就无法感受到被接受、被尊重或被爱护，他们的自我概念可能会受伤，行为因此改变，或导致就学失败。

三、对多元文化家庭的了解与协助

幼儿园班级中，有越来越多的多元文化背景幼儿，使教师面临极大的挑战。多元文化家庭因为父母成长环境及文化背景的差异，在教养子女方面也有不同，对教育环境较不了解，也较无法配合学校来协助子女学习，加上教师对多元文化的涉入未深，易产生误解、偏见而无法适当处理。教师对家长若是高傲的指导态度，就更难与家长建立互信与沟通。

幼儿入学时都会遇到各种不同程度的适应和教养问题，尤其个别幼儿因文化差异的因素，会面临较多适应的困难，在上学后比较会出现语言及学习障碍、口语能力不足、发展迟缓、害羞没自信、易被拒绝排斥，自我认同困难、有学习落后及人际关系上的退缩等问题（邱方晞，1993；张永昑，2003；黄木兰，2004；卢秀芳，2004）。诸多原因引发学习兴趣及能力的低落，导致各种问题的产生。

这些家庭中的幼儿也可能因父母社会地位较低、教育疏忽、沟通困难、家庭冲突及主要照顾者语言能力不佳等不利因素，直接或间接影响到他们的身心发展、学业成就及人际关系（陈美惠，2001；刘秀燕，2003），这对班级管理的影响是不可忽视的。

教师若能在接任班级前即对幼儿的家庭背景有所了解，可及早帮助有困难者寻求协助或给予关切辅导，使其获得帮助和改善（颜秀茹，2006）。教师应营造一个友善的学习环境，常给予鼓励，教导自我认同和融入新文化，也引导幼儿尊重欣赏生活周围的多元文化，以同伴力量提供帮助及包容。必要时寻求协助，搭起社会网络与弱势族群家庭的桥梁。

为了促进对幼儿及其家庭文化的理解，教师也可设计执行一个可反映并尊重所有成员价值观及文化背景的课程；将课堂教学与幼儿生活融和，开发有意义的学习。

四、与家长沟通的方法

幼儿学习受家长影响，行为更来自家长的身教；认识幼儿家庭有助于了解其行为与学习，据以规划协助与辅导（Eby & Kujawa，1994）。

(一)主动接近了解家长

目前社会问题严重，许多家庭本身也面临许多困难，并非都有能力支持幼儿和学校。教师有时会觉得面对家长是件麻烦的事情，尤其在处理议题时各持己见无法取得共识，或联络家长太费时、无余力与家长沟通、不知如何帮助家长、对家长的问题无法解决、家长霸道使教师觉得未受尊重等。但逃避家长并不能解决问题，还是应积极沟通，管理双方合作关系。尊重和了解家长，可从下列方法去实践（Winton，1988）。

第一，有效聆听（effective listening）：能专注倾听一个家庭和幼儿所发生的问题。

第二，反应性聆听（reflective listening）：能准确重述对方所说，协助澄清问题。

第三，回馈感觉（reflecting feeling）：能敏感辨明和回馈家庭的真正感觉。

第四，有效发问（effective questioning）：能组织问题来促进对家庭想法的了解和同理心，并愿意协助解决问题。

多让家长了解教师也有助于沟通，因此教师可向家长介绍自己、邀请家长参加亲职座谈和到园参观，沟通教学策略和班级管理的理念等。及早在开学初与家长沟通教学目标与方法理念，表达尊重、减少误会、分发教学资料、主动联络未参加的家长、邀请家长继续支持及帮助学校教学。平时保持亲师沟通，例如，定期发通知单、联络簿，或借电子邮件、班级网页等随时联系，或进行家庭访问等，以提供需要的协助与资源，沟通解决各种问题。

(二)亲职座谈会议

教师在教育幼儿时，有时会接触到家庭问题，有些家长也习惯向亲切的幼儿园教师征求意见或协助；座谈会是其中有效的联系方式之一，可借着座谈与家长交换意见、邀请支持、共同解决幼儿困难。不同性质的座谈皆可达到亲职沟通的目的，如举办幼儿问题讲座、亲子活动或生活讲座等，可依需要而定。举办亲职座谈应有充分考虑、计划和准备，且创造一个良好沟通的情境。

1. 为方便家长参加，应安排照顾安顿随行更小的幼儿

2. 预先准备好将讨论的议题与幼儿资料

3. 筹划一个有效率的亲职座谈会

(1)创造轻松愉快的座谈环境、减低家长的防卫性。

(2)与家长分享幼儿的优点，讨论其学习行为与人际关系。

(3)留下充分时间让家长提问和发表意见，进行沟通。

(4)邀请专家解答相关问题，提供幼儿辅导的建议和计划。

4. 有效处理家长可能有的抱怨和情绪

(1)问候家长、表现愉快的情绪和成熟的沟通技巧。

(2)用积极聆听来疏解家长的情绪。

(3)对家长提出的问题表示兴趣和关怀，了解他们的目标。

(4)以专业冷静面对家长的质问与要求（Kounin，1970）。

(5)表现诚实，以实际情况的资料说服家长、耐心沟通。

(6)接受冲突发生的可能，将之当成工作来处理。

5. 座谈会后仍须经常提供家长相关服务（Jones & Jones，2004）

(1)幼儿各种发展与教养问题的咨询。

（2）商讨亲职技巧与知能。

（3）转介家庭需要的社会服务与专业协助。

（4）密切注意幼儿所受教养的适当与否，协助处理受虐事件等。

6. 邀请有经验和专长的家长担任义工，先了解对家长能有什么期望

（1）家长义工有许多功能与专长，可事先调查、妥善运用。

（2）义工贡献须确实有益于班级才邀请，也应具备相关能力与条件。

（3）事先沟通对义工的期望，有计划的培植督导，才能达成协助教学的成效。

家长担任义工可从事的工作范围包括：为幼儿阅读、协助学习或区域活动；护贝幼儿作品、整理档案夹；整理资料或影印；班级准备工作，像教室布置；帮助幼儿美劳、烹饪或科学活动等方案。

除了与领导、同事、家长的沟通合作外，教师还要充分运用社会资源、社工及不同领域的专家之力，来强化自己的教学辅导。闭门造车或独立解决问题的时代已经过去，势必要结合各种专业，积极沟通合作，才能处理日益复杂的教室与幼儿问题，强化本身教学和帮助幼儿顺利成长。

★案例 7-1　　与领导的不当沟通（王老师）

为承办大型亲子活动，领导要我规划会场布置事宜，我与同事商量，把设计图、职务分配表、活动位置图交与领导，并经过她的首肯。接着我们费了好几天的工夫布置，在这当中，也一直找领导请教，领导都笑而不答，我们也放心的做，最后总算把会场布置完毕。遇到问题都请示领导，我想应没有问题，谁知做最后检视时，领导却非常不满意。我觉得很冤枉，因为所有的一切都是她的意思，如果有问题为何不早说？活动就要开始了该如何改变？我一气之下，也就与她起了冲突，刚开始还针对事情，后来演变为人身攻击，我很后悔自己的情绪失控。

事后想想领导的做法固然可议，但我所用的也都是不良的沟通。第一，我太在意她的评价，因而极端听从领导，以致个人的想法受到牵制，情绪全操控在别人手里。第二，我过于刚直、急躁、大而化之，喜欢有话直说、开门见山，不会考虑别人的感受和反应。第三，我认为冲突是不好的，应尽量避免，退一步海阔天空，于是常常想忍让，但一味忍让只是将冲突由表面压到底层；一方深觉委屈，另一方却常被姑息，双方永远没有机会坦然公平的相待。

我想今后我要做到真正的沟通。

1. 沟通时双方地位平等，没有尊卑之分，沟通是双方传达思想、意见、观念、情感等，应有平等的机会建立共同的看法，如此才有合作的基础。成功的沟通不是改造对方，而是彼此尊重、了解及接纳。

2. 适度表达意见，避免受消极情绪所影响：有效地沟通能使人勇于表达内心的感受，不必刻意压制，更不必为了表象的和平而伪装出相反的情感。压制及伪装，不但承受不了沉重的情绪负载，也无法和人真实地交流。

3. 理直气和：忠言逆耳是因有话直说不考虑别人能否接受，正因为是忠言，才须特别选择传达的方式，以使对方正确接收。这时可以从正面称赞着手，其后的批评才不致让人心里不好受，也可采用间接暗示的方式进行，总要设法保住领导的面子，否则一旦双方撕破了脸，就没有沟通的余地了。

4. 控制自己的情绪：保持心平气和才有办法冷静解决问题，情绪失控不仅失态，而且不愉快的感觉不易平复，容易变成意气之争。我要不断自我控制，冷静点听听对方说些什么。

5. 做到沟通"六到"："脑到"说该说的而非想说的；"眼到"沟通时眼睛专注看着对方，表示尊重及心胸坦荡；"耳到"多听别人的意见；"嘴到"口角生风绝不恶言相向；"心到"将心比心体谅别人的立场及感受；"脚到"意见不一致暂时无法调和时，则三十六计走为上策，以免因情绪冲动而使沟通恶化。

相信秉持上述原则，我以后一定会有较成功的人际沟通。

★案例7-2 与校园内人员之不同关系(陈老师)

自己曾经历过三位校长，体会到不同作风的校长对幼儿园的态度，深深影响着幼儿园在小学的地位与生存。重视的会抬高幼儿园的地位、看重教师的努力；漠不关心的则只有靠幼儿园本身的自立自强而生存；若是遇到中央集权的校长，凡事掌控大权没得商量，那就只有自求多福了。

无论何种关系都会影响自己的教学和班级管理，我发现在校内不同的人际关系包括下列几种。

1. 与校长、主任方面：一般来说，校长如果重视幼儿园，那三处主任的态度亦是如此，因为校长会交代主任们若幼儿园有什么事就要帮忙一下，所以主任也会有所关照，有事找主任帮忙都会获得解决。只要我们做事负责、尽力而为，皆会获得主任的信任和配合，教学上方便不少，也能得到需要的协助。

2. 与小学老师方面：和小学老师建立良好关系，有助于园务的推动，谦恭待人，日久见人心，加上校长对校园伦理管理有方，小学教师们渐能明白幼儿园的所作所为。由本来的不以为然到肯定，时间证明一切，重要的是自己一定要坚持下去。

3. 与搭档的关系方面：以前在别校是当助教，一星期轮一班，大致是配合原班导师，比较没有责任，与带班导师的相处还算好，因为没有投入就没问题，没问题就没有冲突。两位教师搭档带班，问题就会从日常的行政、教学工作中产生；但有冲突才会协调寻求解决之道，两个人彼此尊重了解，摸清了个性就能化干戈为玉帛，默契也由此培养出来。两个人的力量开创了无限的潜能，园务也才能蒸蒸日上，重要的是教师快乐，孩子更开心；但如果不幸遇到理念不合的搭档，那真是精神、心灵与身体上的折磨，不仅诸事不顺，丧失了斗志，自己的心理不卫生，对幼儿也不公平。

有时候听同学发言常指责资深教师的顽固，生怕自己就这样步人后尘。但不少新人很会保护自己、争取权益、不愿承担责任、不想做的摆明不接受、大小事都自认自己的意见最好，也没衡量自己初到新环境一无所知，就拿起枪到处改革，这样的新人未免自视过高，是否也该有所检讨？

★案例 7-3　一班两师的搭档合作（胡老师）

一个班级的管理关乎人、事、物、地，这些因素都会影响班级的气氛，然而其中最主要的还是教师的作风。教师的特质会造就班级的风格，开放的教师有活泼的班级，坚守原则的教师会带出中规中矩的孩子。在我刚进这所幼儿园时，主任将一位助理教师分配和我同一班，照顾十五位小班的孩子，虽然她的教学技巧尚未熟练，但是很愿意和我配合教学工作，因此在教学上我们算是很相配。我们的班级有融合的气氛，不外乎以下几个因素。

1. 开学前互相讨论本学期的教学活动：在开学前，园方已将学期的教学概要、单元名称都拟订出来了，我们会利用开学前布置教室的时间，聊一聊本学期的教学重点，讨论活动心得。

2. 事前将工作分配妥当：由于我有和其他教师合作教学的经验，因此，我建议每人教一个单元。在开学初就将各人的单元分配好，选择较合适自己的部分，同时将填写教室日志、家庭联络手册、幼儿健康晨检、研习活动参与及值班的周次等工作加以分工。这些工作需要事前分配好，免得到时候出现无人管理的现象。

3. 各种事物都有转告彼此的习惯：两位教师的班级最怕各管各的，每个人对事情都只知道一半而已。学校的事务或幼儿发生的各种状况，更需要两位教师的信息与处理态度一致，才不至于造成将来的困扰。

4. 工作分担、责任相包容：虽然在工作上有明确的分工，但是一旦出现状况，应该要互相包容一起承担，最怕两位教师划清界限，把责任撇得干干净净，使和谐的分工精神变成"各管各的"。此外，在工作上若有突发事件也要互相支援，例如，原定上课的教师身体不适，另一位教师应体谅代替，不计较太多。

5. 凡事共同商量：在教学上若有不同的做法或规定，一旦有问题时，两人就必须商量采取折中或共通的办法，不可相互指责，让孩子搞不清楚到底要如何做才对。另外，平时除了教学、孩子、家长之外，可分享一些话题和兴趣，建立两人之间的友谊。

其实有两位教师相互合作确实比一个人手忙脚乱要好得多，但是气氛若不和谐，相信许多教师会宁愿自己一人带班，例如，隔壁班两位教师在开学初为了吃什么餐、饭盛得是否恰当，而起了一点小摩擦之后，情况越演越烈，之后演变成每次只有某一位教师上课，另一位则在其他地方逗留。班上的孩子也在团体活动时很明显的分成小团体，结果在许多事上都出了差错，如孩子在户外跌伤而两个教师都不知道，或是孩子尿湿裤子竟然穿回家等。到了期末，甚至当着孩子的面恶言相向，那个学期他们班的孩子很顽皮不守规则，也没有较好的活动可参与。这些不良的班级气氛就因为两位教师不和睦、作风不相同；下学期他们就没有再搭档了，但也因此得到"难相处"的名号。两人共事本来就有较高的难度，但是相容与共的融洽和睦能让班上的孩子更快乐、学习更有乐趣，教师也会有事半功倍的教学效果。

★案例7-4　与家长的关系(洪老师)

谈到家长，真让人又爱又恨又怕，却又不得不接触。以前在学校修习的"亲职教育"，当运用在实际中时，却仍不知如何跟家长沟通，无法表现自己的专业。在一人编制的情况下，每个家长都来找我问问题，让我应接不暇。刚开学只是注册费、作息时间、应带物品的问题，但后来各种问题就慢慢出笼了：孩子怎么没背书包？怎么没发书？没有回家功课？怎么没写字？没有教注音符号？有没有教数学啊？天啊！他们把私幼的上课模式全都带来了，而我每天忙碌异常，没空思考如何去回答这些问题，没办法让家长心服口服，所以一直处在"挨打"的情况，这后果也呈现在日后的招生人数上。

很明显，下学期就不见了几个幼儿，因为家长没有办法接受孩子都在"玩"，且没教写字及注音符号，还有家长直接开门见山地告诉我要教注音符号，当我告诉他无法上这种课程时，他的脸色可不好看。我到第三年才开始着手落实亲职教育工作，除了请校长开亲职座谈会，让家长明白本园的理念，也告诉家长对他们担心的问题，学校的做法是如何。校长的保证换得家长的信任，加上每周的"观念频道"及"亲职交流站"的文章所提供的育儿信息和理念，强化了家长的认同。最后家长除了支持外，还成了顾问和宣传人，成了十足的活广告，为本园所带来许多新生。后来又有烤肉、户外活动、"与学校共枕"、毕业飨宴、亲师聚会等，不但拉进了亲师的距离，也带动家长之间的互动。虽然孩子毕业了，家长仍告诉我日后有需要他帮忙的地方不要客气，多温馨、多感动啊！

家长可说是推动幼儿教育的手，理想和理念则须靠教师的坚持，幼教之路需要亲师双方永远的携手合作！

★案例 7-5　家长配合度影响班级管理(吴老师)

三年前我曾在幼儿园服务过一年，虽然只有短短的一年，但让我深深感觉到家长配合度高，会让班级管理顺利进行，反之则是极大的阻碍。

记得第一学期我只有二十位幼儿，而且几乎都是同一社区的人，也就是亲戚、兄长的孩子都上同一家幼儿园，所以家长非常熟悉学校的运作，例如，圣诞节快到了，家长会主动来包礼物、布置，询问是否要办活动，他们可以提供要用的东西给学校。这让刚任教的我减轻许多办活动的紧张。因为我是第一次带小班，刚开始总会有部分幼儿哭闹，助教又常不在身边，我将困难于家长会提出后，每天总有一、两位家长在点心、吃饭和午睡时间来协助我，让我有充足的时间教孩子常规、说故事或进行课程。有时与课程、教材或孩子行为问题上相关的困难，我也会请教一些热心的家长，他们会建议我："以前某老师曾这样处理过，你可以试试看！"就这样，我和家长保持不错的关系，他们也因为我喜欢问，一直乐意帮助我做大大小小的事。半个学期下来，从没有孩子在园里发生意外，家长会的出席率、联络簿的回响也都很踊跃，班级的常规秩序很快地步入正轨，让我庆幸有那么好的孩子和家长。

没想到第二学期班上进来十二位新生，仅有一位是老生的亲戚，其余都是转学生或其他社区的孩子。天真的我原以为用上学期那套就能让新生融入新环境，没想到他们适应能力"奇佳"，甚至带着老生捣蛋，我和家长讨论孩子在校情形，他们都谦虚地说："全交给你，要打要骂都可以！"每月的家长会出席的人数也是寥寥无几，都说太远了、工作太累、有事电话联系。班上秩序慢慢变坏，我也渐渐发现自己每天花太多时间在秩序的管理上，新生的常规还没建立，旧生的常规却已开始动摇，例如，玩具收错位置，上厕所后不洗手，挑食的人数也增加了。最后我终于体会了一件事：上学期我太幸福了，有太多人帮我，现在必须靠我自己了。于是在学校，我缩短了学习活动的时间，增加幼儿较感兴趣的活动，并加强常规训练；下课后我去家访，主动去了解家长和孩子，并询问以前上学的情形，以便对症下药。大约半学期后，班上常规秩序大致恢复正常，新生家长在家长会的出席率也明显增加，不能来的也主动打电话说明原因，我又能恢复上学期的生活了。

这两学期有明显的对比，自己心情起伏也很大。第一学期因家长配合度高，自己深信所有的困难都能迎刃而解；第二学期却因部分学生和家长不能配合，使得自己差点失去信心，让班级继续乱下去。为了不让旧家长失去对自己的信任，也不让新家长看轻自己的能力，我尽力去接近他们，让他们了解我对孩子和班级的想法。由这一年的经验让我深刻的了解到，配合度高的家长有助于班级的管理，如果不配合则需要更努力去引导。

★案例7-6　与家长沟通教学(魏老师)

初入幼教行列，充满斗志的我，从不管家长如何要求，直接表明自己的教育理念是不教注音符号、不教写字、不发回家功课、不勉强幼儿使用右手等，这是我觉得必须坚持的原则。有些家长会说：孩子回家不写功课，只知道玩，对这些说法我一概置之不理，觉得能接受的家长自然会接受，而不接受的家长可能以换环境来表态，即使如此我也觉得无所谓，他们要学写字就去别的地方吧，这样才能维持自己的水准！

长期下来，我开始发现一些问题，由于竞争，每间学校无不费尽心思招收学生，而我却任由学生流失；我开始在意起自己能收多少学生。于是，我开始以自认还算开放的游戏方式来带入注音符号及写字教学，甚至出那些孩子不会感到快乐的"快乐功课"；家长不要她的孩子使用左手，我就开始注意起那些使用左手的小朋友。和家长间的沟通内容，从孩子活动情形变成了讨论幼儿在学校"上课认不认真""字写得好不好""快乐功课有没有写"等学习态度的事，而家长确实非常有兴趣和我聊这些，但聊完之后，我心里总觉得不安。若是面对思想较开放的家长，不赞成这样的教学，我便放心让他们的孩子尽量去玩。

面对这样又尴尬又矛盾的情况，使我在教室中的情绪起伏很大，因为面对那些我不喜欢的教学时，容易产生不耐烦的感觉，一方面觉得自己不该这样，一方面又硬要做下去。即使我已经把教学改成较活泼的方式，但来自家长的压力，有时就会"要求"小朋友都要注意听我说什么，而这对一些根本坐不住的幼儿来说是痛苦的事。这已逐渐影响我教学的热忱，且幼儿情绪反弹有时较大，这样的班级管理比以前苦好几倍，和家长关系也时好时坏，因为幼儿没进步，就会怪教师，我的情绪也因而变得很糟。

正确的教育理念应该要坚持下去，即使遇到困难也不应该改变，所以要修正的应该是"沟通"的部分。我欠缺良好的沟通方式，只是一味坚持，一旦动摇，又把理念丢到脑后了，所以，先从良好的沟通做起，相信家长会渐渐懂得教师在想什么、在做什么。因此，在学期初的家长座谈会上，就详细而婉转的说明我的教育宗旨及教育理念，当然，家长也不是听个三言两语就会认同我，因此要提出有力的"证据"来说明。例如，从儿童发展的观点，或认知学习的观点来说明，并举出实例来印证，才具说服力。若家长反映怕幼儿上了小学会跟不上其他的小朋友，我也重申孩子学习的方式不是"施"（教师）与"受"（幼儿）的关系，而是相互的学习。让家长明白，用游戏的方式来建构幼儿的知识，比灌输的方式要来得好，即使教注音符号，也会以操作、游戏的方式进行，不让孩子上学变成一件有压力的事。

★案例 7-7　改善问题，真诚胜过技巧（涂老师）

幼教工作虽然烦琐复杂，但是爱心与耐心是不可少的，更要有丰富的情感，和保持一颗愉悦的心，与家长要有良好的沟通，且尊重幼儿行为，这些我都尽力去做到。

记得在两年前，刚接到一个专心度非常短暂，但攻击性、破坏性却很强的小男生，当时发现后马上与家长做沟通。但是这位母亲却告诉我，这是她很不容易生下的孩子，她承认非常宠爱这位小孩，连父亲、祖父母都视他为宝，舍不得打他、骂他，他们认为长大后就会好了。但是他恶劣的行为每天都发生，我也不断使出行为改变技术，但效果都是短暂的。直到有一天，妈妈带他来上学，来得比较晚，小朋友早餐都吃完了，但我还是帮他留下一份稀饭、小菜，他走到位子上二话不说，将桌上的稀饭拿起往另一桌丢过去，然后吼叫说："我最讨厌吃稀饭！"这时稀饭和菜已洒满地，妈妈站在一旁，连说好，好，不吃稀饭，这时我请另一位教师将其他幼儿先带回教室，留下我们三个人。然后我请妈妈先回去，妈妈有点舍不得，湿着眼眶走了，这时候幼儿似乎知道自己错了，又没有靠山，开始号啕大哭，我走过去拿着两条抹布告诉他："现在没有时间哭，我们赶快把这里擦干净吧！"他立刻停止哭泣，开始擦桌椅、地板，我不想再说教、唠叨了（发现说教对他没有任何作用）。就这样，两人安静地擦完，这次他很认真地擦，而且擦得很干净，连小饭粒都捡了起来。

这样一天下来，他没有再犯错或攻击他人，连说话也轻声细语直到放学，我也甚感讶异。这天妈妈特别早来接他，一看到我立刻拉着我的手说谢谢，她说今天发生这件事，让她深深感到孩子确实不能再纵容下去，那目中无人的态度让她感到惊讶，没想到这么严重。其实早上她并没有马上回去，而是躲在一旁看我如何处理，结果我不但没有用打骂的方式，还陪着孩子一起擦拭。她非常感动，问我都大班了，还来得及调教他吗？我告诉她，只要愿意配合，随时都来得及。从此他们对我非常信任，孩子在学习及常规上也进步很多。

我并没有使用任何手段、技巧去与家长沟通，只是用我的真诚与行动来表达我的想法，却无意中感动了对方。这件事使我深深感受到，以诚相待，不管是大人或幼儿都会受感动，胜过任何沟通技巧。

🔍 问题与讨论

1. 讨论访谈或观察一位幼儿园园长的理念和想法，如何影响其园内幼儿教师的班级管理与教学？影响了哪些层面？探讨园长和教师的想法有何异同？如何沟通？

2. 观察一个班级中两位教师的合作关系如何？他们的工作责任如何分配协调，想法如何沟通？两位身份的不同（如幼儿教师和保育员）会不会影响其合作教学的关系和班级管理的运作？幼儿如何回应两人的教法？

3. 试想如何加强与搭档同事的合作关系？如果是人际关系上的相处问题如何面对？如果是理念做法上的冲突又将如何克服？如何充分发挥搭档教学的效能？

4. 观察一个班级的教师如何和家长建立和发展关系？如何在这关系的基础上与家长共同教育幼儿和管理班级？遇到理念不合如何处理？你的建议如何？

5. 如何与一个理念不同的领导或同事沟通？试想可能的做法和策略。

第八章　幼儿良好教室行为的培养

　　教室里的"人"是班级管理中最主要的一环，教师在班上面对幼儿，如何管理、培养好行为和处理不当行为，均关系到整个班级的气氛、纪律和学习。有关幼儿良好行为及纪律的培养，包含三个层面的考虑（金树人译，1994）：第一层面，预防性：重视事先预防，阻止不当行为的产生。第二层面，支持性：帮助学生自我控制，顺利回归学习活动。第三层面，纠正性：运用方法制止不良行为，并导引恰当行为。

　　教师在平时即培养幼儿的良好行为，对可能发生的问题事先预防，提早做准备和规范，像是使用预先修正的陈述（precorrections）描述即将来临的工作或预期行为，就是转换活动前的预先提醒（Depry & Sugai，2002），能有效带领幼儿进入下一个活动。例如，离开教室前，老师提醒"小良，铃声响时收好东西坐在位置上，等我通知你再离开！"用这类语言引导，加上适当监督，当可预防问题行为（Stormont，Covington & Lewis，2006）和改善教室氛围。活动中教师持续走动巡视教室，回馈专注的幼儿，也提醒分心者；发展简单有效、易了解的图像或支持系统去帮助运作班级事务，这都是支持策略。或在幼儿行为之初，即积极教导自我控制的能力，减低行为问题，最后再用纠正的方法来导正。总之，就是恰当运用预防性、支持性和纠正性的辅导，应能培养幼儿适当的行为，以下再提出一些可用的策略。

第一节　建立良好教室气氛与师生关系

班级管理是要创造并维持一个能支持教学及增加学生成就的环境，需建立在信任、尊重及关怀的关系上（Brophy，1999，p.43）。幼儿有了归属和信任感，才能与教师发展良好的关系，在此气氛中行事和互动，自然培养出好行为。与幼儿建立良好关系包含了公平、温暖、关怀等因素。

一、使用正面的陈述

教师常注意学生不好的行为，幼儿从教师的负面批评中得到的是他们没价值、不好的讯息，这样恐怕很难会和教师合作（Jones & Jones，2004）。要培养幼儿好的行为，教师应用更积极的方式来处理，就是教导幼儿正面陈述该怎么才是适当行为，并在他们想做时给予支持帮助，而不只是处罚责怪做不到的地方，这样才能和幼儿建立良好的关系，增加他们想要做对事情的动机。

二、沟通正向的期望

幼儿喜欢教师能在他们成功表现学科和社会能力时做出鼓励，进而表现出自己的自信心，例如，老师对一位幼儿说："你剪出来的东西很特别，也很好看。"下次他再动手剪东西时，想到老师这样的赞美，就会相信自己的能力，愿意做得更好。让幼儿有信心是建立好关系的开始，教师应时时表达正向期望，鼓励幼儿积极做到，并适时加以表扬。

三、正向积极的互动

教师对幼儿行为管理的态度和期望像自我实现的预言，预防教育问题始自积极的互动。但教师常会对幼儿的不当行为有负面回馈，教师可经常自我反思，计算对幼儿正向回应或负面批评的次数，以及能否在发现幼儿优点时给予支持或赞美，例如，具体说出："谢谢你把图书角的书整理得这么好。"如果发觉自己负面批评过多就要改进，要增加与幼儿正向积极的互动，用正向的眼睛看发生了什么事，积极捕捉幼儿的良好行为并给予赞美鼓励，以建立其自信。幼儿也须知道被期望的是什么、跟着行为来的结果为何，才会自我约束（Beaty，2008；Eby et al.，2009）。

四、分享控制及提供选择

班级管理不是严格控制幼儿，叫他听话做事，如此不但不会成功，反而易引来反抗，最好是提供选择，与幼儿分享控制力，让他们觉得可以参与决定自己想做的事。当教师给幼儿选择时，释放了本身的控制权，幼儿就不会想跟教师对抗，也帮助他们发展自我控制，因幼儿体会到（Fay & Funk，1995）：①可以决定自己的行为，所以要为自己的行为负责。②可以在一个合理的限制内做好的选择。③知道自己有能力，可以为自己做这些选择。

但教师所提供的选择必须真实而合理，是可接受且不相互排斥的，而且不要影响幼儿的选择，让他选一个他真正愿意的。提供选择可避免权力的冲突，能教导幼儿做好的决定，且为选择的结果负责。幼儿知道可以掌握自己的生活，教师也相信他们能做到，因而觉得自己有价值，对自己更有信心，进而回报教师的信任去好好行事。

五、协助幼儿社会情感的发展

团体的基础是同济关系的发展，幼儿与同济关系的品质会影响其学习。在教室团体中，学习社会技巧可帮助幼儿社会情感的发展，可由下列方法来促进（Fisher，2003）。

第一，计划活动：活动安排在刚开学，让幼儿放松愉快地和他人一起游玩。介绍活动资源给幼儿，教导他们协同合作，玩认名游戏可让幼儿彼此认识。

第二，教导社会技巧：社会技巧需要教导，如果教师希望幼儿学习和别人商量协作，就要教他们；礼貌也需要教导。教导社会技巧就像教导学科课程一样，要设计活动、亲身示范、让幼儿练习学会。

第三，专注于合作：一个团体需要的是合作而非竞争，合作能促进彼此的帮助、支持和成功；强调竞争，则会造成反对别人成功或加以阻挠的现象。建构合作是要提供机会让幼儿在一个方案上一起学习，前提是彼此互助和有所贡献。

第二节　以身教及事件案例培养良好行为

培养幼儿良好习惯的有效方法，是借教师身教或事件案例来引导（Katz & McClellan，1991），教师的身教是明确的教学。如果教师能尊重幼儿，班上幼儿也能彼此尊重；如果教师喜欢权威控制，幼儿也较会有不顾他人的表现。教师平时要多示范承诺、礼节、热心、聆听、自我控制、为人着想、诚实和学习等态度给幼儿；也要避免示范非建设性的态度，像是说出"我最讨厌数学了"而被幼儿模仿。教师还应示范在解决问题时，把思考过程"说"出来公开呈现的"放声思考"；包括显示做决定的步骤、想法、如何自控等。

一、接受感觉

"无条件的积极关注"是指完全接受幼儿是发展中的个人和团体中之一分子，不用与他人比较，而要鼓励其学习（Rogers，1980）。当幼儿表达愤怒等负面情绪时，通常表示他确实有感且需要表达，却缺乏妥当语言和表达能力。教师应接受幼儿的感觉，协助找出生气原因并澄清情绪，导正并协助适当表达。教师接受自己感觉的表现也是好的示范。

二、表达感觉

适当表达内心感觉不是件容易的事，压抑和发脾气都不是建设性的表达，对传统认为像"勇敢的男生不能哭"这类的压抑，也应有更自然的态度。教师在面对复杂的教学情境下，心情难免有受影响的时候，可以适时、适当表达，或冷静调适后再回去理性处理，要避免情绪失控，也给幼儿正向的示范。

三、喜欢别人

幼儿应学习彼此喜欢的人际关系，以及与人和平相处的社会技巧。教师随时引导幼儿关心别人的感觉、学习与人相处、接纳别人的差异、帮助别人，也培养同理心。运用周边的许多例子，鼓励幼儿思考和实际做做看。平时耐心处理幼儿之间发生的冲突与问题，帮助幼儿逐渐培养健全与良好的人际关系。

四、自动自发与冒险精神

"心智上的冒险"是幼儿成长阶段重要的学习，鼓励冒险精神不但不会增加行为问题，反而会促进自动自发。幼儿如能主动面对和处理问题，教师就不需老是扮演解决纠纷的警察角色。教师示范的"冒险精神"就是自己不要怕失败与犯错（Fields & Bo-esser，1994），可分享过去的失败经验、接受幼儿的失败，并鼓励他再尝试，幼儿便能逐渐坦然面对自己的不成功。在学习中鼓励创意和发明、接纳孩子表现得不完美、带领孩子从错误中学习等，都可培养冒险心和自动自发地学习。

五、负起责任

教师会要求幼儿负责任却又常感慨他们不负责，教导负责要从身教做起，例如，要幼儿收拾，只是提醒或命令他们去收拾还不够，要让幼儿看到收拾的意义和做法，弯下身跟他们一起收拾才最有效。教师示范并教导幼儿独立恰当地使用区域或教室设备，是负责的开端；对允诺的事保持承诺、不信口开河，也是责任。

第三节　借有效沟通培养良好行为

良好的沟通能让幼儿信任教师、愿意合作，教师应小心建立沟通的方法和管道。在《教师效能训练》(欧申谈译，1993；Gordon，1974)一书中，曾提到十二种"沟通的障碍"，所呈现的正是会造成幼儿教室行为问题恶化的不当沟通形态，也是教师不自觉常犯的错误沟通方式，值得参考了解和自我检讨。另外《老师如何跟学生说话》(许丽美、许丽玉译，2001；Ginott，1971)一书中，也分析出有效率的教师会运用和谐沟通，无效率的教师则多半缺乏这种能力。

有效率的教师会传达理性的讯息，针对情景而非幼儿的人格特质，接纳和承认幼儿的感觉，也会适当表达愤怒。他们会邀请幼儿合作，不给幼儿贴标签，而以适当的引导来改变幼儿。教导幼儿时简单明了，避免赞美的危险，多用鼓励。

缺乏效率的教师则会尖酸刻薄、爱讥讽幼儿、否定幼儿的感觉，会标记幼儿，例如，教师指责他们懒惰、愚笨等。这类教师经常唠唠叨叨、长篇大论，不能控制好自己的情绪，也常以赞美为控制幼儿的工具，却忘了以身作则。

教师应从以下几方面多练习良好的沟通原则。

一、避免不良的沟通

教师常抱怨幼儿不听话，要想幼儿听话，就该先避免说那些他们不想听或讨厌听的话，例如，控制、指挥、命令、训诫、说教、批评、责备、讽刺、揭穿、盘问、挖苦等(欧申谈译，1993)。这些沟通方式所传递的讯息就是告诉幼儿"你不行""你很差劲"的意思，只会伤害幼儿的自尊和信心，破坏师生关系，想借此改进幼儿行为，无异缘木求鱼。Ginott 也提到成人之间的说话方式，和对幼儿的方式截然不同，过去成人常向幼儿进行习以为常的恶质沟通，影响这一代以同样方式对下一代沟通，其对幼儿造成的伤害，教师应有所觉知并反思。

二、我——讯息

改善不当的沟通方式，就是对幼儿讲话时要像对大人一般的尊重，有教师担心这会危及"权威"的身份，但是权威教育已难让幼儿正向自然的表现感情。运用"我——讯息"只宣示感受需要，不加标签或命令，没有责怪或要求对方的意思，与一般常用的指责用语"你——讯息"不同，其中包括四个步骤：①指出对方令人无法接受的行为。②说出自己对此行为的感觉。③解释为何自己会有这种感觉。④不再多说或告知对方如何做，以免又变成沟通的障碍。

例如，当老师说故事时，小华总不断在跟别的幼儿说话，老师对他说"我没办法在你一直讲话的时候说故事，因为我必须大声说，别人才听得见，而大声说话让我的喉咙很痛。"教师并未告知该怎么做或责骂他，而让他去想想解决的办法。小华因这些话的坦白（说出感觉）、指明（这是个问题）、宽容（未责怪自己）和邀请（我们一起解决问题），而做出不再说话、安静下来的反应；他并未感到被羞辱，因而愿意主动改正表现恰当行为。教师平时可练习使用这样的表达，不再一味批判责怪，幼儿将会有更积极良好的互动反应。

以上这些"送出的能力"（Fisher，2003）是指我们和人说话时会用的一些技巧，教师对幼儿说的话应是支持学习的语言，包括了可亲的声音、接受的、同理的、开放的问题、说明现在而非过去的行为等（Costa & Garmston，1994），例如，"你要怎样控制自己的情绪呢"，而非"你为什么不能控制自己的情绪"。还要使用正向积极的肯定，例如，"你们都很用心在做活动"；对不确定的问题用探究的问句，例如，"我不确定你在讲什么""你的意思是……"等。

三、积极聆听

有些成人不在意或没耐心听幼儿说话，只顾忙着下达命令告诉幼儿该怎么做、期望他们顺从，久之幼儿也这样漫不经心地回应教师或不再听话。因此教导幼儿听话，必须从教师自己先做一个好的"倾听者"开始；只有真心倾听幼儿说话，才能深入了解他们，建立良好互动。

一个好的倾听者在听幼儿说话时越安静越好，只在必要时才插话，例如只说"是这样吗？""说给我听听。"等，尽量鼓励幼儿倾诉。听过倾诉后给予积极回馈的是"积极聆听"(Gor-don，1989)，那是融合了听者和说者双方的诚意和努力，是一种更具建设性的沟通方式，如下例。

美伦：我今天不要上音乐课！

老师：你不想上音乐课。

美伦：他们都要唱那个无聊的老巫婆的歌！

老师：你不喜欢唱那些歌。（很惊讶，她本来很喜欢的呀！）

美伦：我们还要表演呢！真无聊！

老师：你认为把这些歌再演一遍很无聊？

美伦：老师要我演那个老巫婆，每次我出来的时候每个人都在笑我，好讨厌！

老师：这让你觉得很不好意思吗？（很同情地说）

美伦：是啊！（叹气）（老师正在想要怎样跟音乐老师谈，以化解美伦的尴尬，美伦却已想到解决的办法）他们笑我穿的衣服很奇怪！我知道了，请妈妈帮我换件衣服就好了！

积极聆听，在听幼儿说出问题的同时，也鼓励他想一想该怎么办？又因并未告知解决的办法，幼儿反而能更自由的思考不受限制。等到想出方法时，会因为是自己想出的而更乐意去执行，不需教师催促。但"积极聆听"也要看问题属谁，不能一味"鹦鹉"式的重复对方的言语而已。

以上这些"接收的能力"(Fisher，2003)是当教师有效倾听时，幼儿会感觉到自己被尊重和关怀，得到教师协助理清问题所在，而进一步主动设法解决。另外还有三个积极"听"的策略可以运用。

第一，澄清。听到说话者所说的，但不完全了解，请他再说清楚，例如，"你可不可以多告诉我一些有关……""我想听更多……""你能否给我一个例子说明……"等。

第二，解说论述。听到也了解了，关怀和再确认说话的内容，例如，"换句话说，就是……""我听到的是不是……""我听到你说的是……"等。

第三，询问修正。在假设或可能性中，帮幼儿分析什么对他们有效或无效，例如，"有没有另外的方法可以……""如果怎样，你想会发生……""你会怎样决定……"等。

四、解决冲突

学校是幼儿第一次经验到要与别人分享材料、等待轮流和遵守规则的地方，冲突也因尚未发展出人际技巧，沟通不良或过程中易感觉受伤而产生。在教室内冲突的发生是不可避免的，有冲突也不是坏事，反而是可以学习沟通的机会，可借此教导幼儿如何解决冲突。教师在管理幼儿行为、介入负面互动时，除了促进他们的社会技巧发展，也要把握机会教导冲突处理，包含老师示范和幼儿扮演，在冲突情况下如何掌握自己，如何以适当方法解决问题，学习负责和练习内化独立等。

用威胁镇压的方法解决幼儿的冲突，不如用和平理性的方式办到。教师应激发幼儿的求知热情，教导合作解决问题的社会技巧，而不只是处罚。教师要像设计其他课程一样规划冲突解决的课程，或在一个刚好发生的事件上把握机会引导学习。冲突解决要避免变成针对个人，如果幼儿发现是在说他，或他曾介入的事件，可能会觉得羞愧而产生防卫。使用故事书来提供冲突情境也是一种有效的策略，可让幼儿分析问题、评估行为和发展解决方法；也可用文学情境或对白作为角色扮演的平台，让幼儿参考文本角色，以类似或有效的回应来解决冲突（Jonson et al.，2011）。这种引导取向不同于权威或放纵，是鼓励幼儿正向互动、积极协调和理性解决，其步骤包括（Gordon，1974）以下几点。

第一，辨明问题：积极聆听了解对方想法，共同澄清问题所在。

第二，提出解决方法：集思广益、想出各种解决问题的建议。

第三，评估解决方法：评估各个建议的可行性，选出其中较适当的一个或混合的做法试试看，让幼儿了解选择一个解决，就要贯彻实施。

第四，决定并执行计划：选择做法后，开始分配工作，按部就班进行；通过这些了解和计划，执行时较不需教师的催促。

第五，评估计划：执行一段时间后探讨效果，再做修正。

用上述方法解决冲突似乎很花时间，但长远来看，反而能培养解决冲突的能力。教师在团体时间示范商讨解决的态度与方法，或对幼儿个别指导，都比只对幼儿说"有问题自己解决"更有实质帮助。当幼儿学会用商讨的方式去面对和解决问题与冲突时，就不是只会指责对方或仰赖教师解决；他们学会与人相处，将解决方法应用到未来各种冲突情境中，能发展良好的人际关系与社会能力。

第四节　以了解及满足需求培养良好行为

一、满足幼儿需求

人们所有的行为都是为了满足五种基本需求：生存、隶属、权力、乐趣及自由，而学校教育又与后四种需求的满足息息相关（Glasser，1990）。当人的基本需求满足之后会觉得愉悦，反之则会感到挫折。今日社会变迁及家庭功能不明显，幼儿成长过程面临许多压力，教师应体察其问题与需要，给予满足与辅导。学校教育应创造使幼儿基本需求不虞匮乏的环境，在学习中受到支持与协助，教师则采取友善、鼓励、刺激思考的态度协助幼儿学习。幼儿只有在下列心理和情感需要得到满足时，才会表现稳定的情绪和恰当的行为（Fields & Boesser，1994）。

第一，隐私的需求：幼儿不宜整天置身于人群和密集的活动中，有时需要静一静沉淀一下，否则会浮躁不安。

第二，权力的需求：幼儿有时会不听教师的话而做自己想做的事，表现出想要掌控权力、自己做主的需要。

第三，拥有的需求：幼儿只有在放心拥有自己的东西时，才会真正乐意与人分享。故教师不能一味要求或强迫幼儿将东西与人共享，自己拥有的、社会期望的及与人分享的应保持一种平衡。

第四，受注意的需求：幼儿对受注意的需求程度各不相同，有的幼儿会借各种方法企图得到教师的注意，教师应能分辨其用意并做适当回应。

第五，成功和挑战的需求：幼儿想从活动中获得成就和能力的证明，教师也可从幼儿的反应中了解其表现是因无法完成活动，或活动本身缺乏挑战和吸引力所致。

第六，安全感的需求：对幼儿生理、心理的安全感都应加以兼顾，除了准备安全的物理环境，更要提供心理上无威胁的支持和明确的行为依循。

第七，被爱与被接受的需求：这是最基本也最深沉的需求，老师要爱和接受幼儿原本的样子，尤其对较不讨喜的或缺乏爱的幼儿，要让他充分感受到被爱和被接受。

但在满足幼儿这些需要的同时，也应让他学习了解自由与限制、权利与义务的平衡，才不会变成放纵。

二、了解幼儿行为的目标

每个幼儿都需要别人的接纳认可，一旦教师无法一一满足其需求时，可能会转向"错误的目标"(Dreikurs，1968)。幼儿的许多偏差行为都是为了寻求认同而不可得的结果，常与四种错误目标有关：获得注意、寻求权力、寻求报复和表现无能。教师应认清幼儿这些错误的行为目标，避免给予不当的增强回应；幼儿表现出这些行为时，教师要先确认其错误目标是属于哪一种，记录对这些行为的反应，这些反应即显示出幼儿所期待的目标类型。例如，如果幼儿的某种行为让教师觉得烦恼，显示幼儿可能是想获得注意；如果教师感觉受到威胁，就是幼儿在寻求权力；如果教师觉得受到伤害，则是幼儿在报复；当有无力感时，则是幼儿在表现无能和自暴自弃。另外的可能是：当幼儿停止了不当行为后又重复出现，是想获得注意；拒绝停止不当行为时是在寻求权力；变得凶暴或敌视是为了寻求报复；拒绝与人合作互动是故意表现无能等，从这些反社会行为中，可看出幼儿不同的心理目标。老师在确认幼儿的错误目标之后，不应陷入对幼儿特别注意、权威管制或愤怒无助的心情中，而要冷静面对、和幼儿讨论解释这些目标的不合理。借由友善而不胁迫的方式，帮幼儿检视其行为后面的目的；将心理需要或不满导向合理的目标或发泄，才能真正传达想法和共谋解决。

三、善用赞美和鼓励

(一)赞美不宜滥用

在满足幼儿需要、鼓励幼儿学习时，教师常会使用赞美，不可否认幼儿需要被赞美，赞美的确有其价值，但有恰当与否的区别，恰当的赞美是赞美行为本身而非人格，例如，说"你的玩具收拾得很整齐"是就事论事，而不是用"你好聪明"或"好能干"等针对个人模糊地说词。教师可能会不自觉地用赞美来操纵幼儿的感觉，被赞美的人既高兴也羞愧，因为凸显自己成功和别人的失败；而且习惯依赖教师的赞美而行动，也会影响孩子的自我意识和主动性。幼儿比较需要的是"鼓励"，鼓励强调个人的努力，能确立信心，赞美仰赖的却是外来的肯定。鼓励幼儿的建议如：多给幼儿正向的意见、鼓励他们求进步而不是求完美；先强调幼儿所表现的"优点"再稍提"缺点"。教导幼儿从错误中学习，强调错误并非失败；鼓励幼儿独立，并协助他克服阻碍。教师平时应多提正向的事和指出幼儿努力的情形，对其工作表示骄傲，常说鼓励的话，例如，"你已经有进步了！""从这件事你得到什么？""继续试试看！""我知道你能解答这个问题，你若需要帮助就告诉我。"这些都能给幼儿极大的鼓舞。

教师也常会使用无效的赞美，像是很模糊、未聚焦在表现上、无法刺激动机、未指出幼儿完成任务的相关信息、赞赏其成功而非努力等（Black，1992），这样的赞美并不能真正促进幼儿的学习与发展。教师如果因幼儿完成一件简单的工作就随意赞美他，显示教师对他的期望低，可能反而会降低他的自尊心；如果幼儿因此相信自己无能，他就不愿意再努力工作达成目标。如果幼儿太依赖教师的认可而没有工作动机，也就不会冒险尝试困难的工作和解决问题了（Larrivee，2002），这样的赞美变成了控制的工具，让幼儿更依赖教师，也对教师的赞美标准感到压力。

（二）有效的赞美（Feldman，2003）

第一，清楚告诉幼儿被赞美的事情，例如，"小明我看到你刚才在帮小刚收拾玩具"，接着说明其原因，才能帮助幼儿发展学习技能。

第二，让幼儿了解教师的期望为何、什么行为会被接受和欣赏，且当好行为发生时就会被赞美。

第三，幼儿对赞美的反应不一，老师应对其感受敏感。

第四，小心所用字词和传达的讯息，不要只赞美聪明，而要归因到努力上。避免使用和其他幼儿比较，像是谁比较好、谁最好、你不像谁等用语。

第五节　由对班级团体的辅导培养良好行为

一、团体动力的考虑

幼儿在班级团体中的表现有别于个人独处时的行为，团体会创造出某种心理动力（Redl & Wattenberg，1959），个人对团体的期待会影响其行为，个人行为也会影响团体。教师须能觉察团体行为的特征，才能掌握班级和培养良好行为，运用一些具体行动有助于掌握团体。

第一，支持自我控制，强调防患于未然，在问题状况发生之前就用眼神接触、身体靠近的趋近控制、鼓励、展现幽默及忽视等方法来预防。

第二，提供情境协助，当幼儿快要无法自制，由教师出面协助。①帮助幼儿攻克难关、跨越障碍。②重新调整工作进度。③请他暂时离开以免扰乱别人。④远离诱惑、没收玩具。⑤禁足。

第三，教师评估现状，帮幼儿了解不良行为的潜在原因及可能后果，"呈现事实"后再追踪澄清事件的前因后果。

二、团体管理的技术

好的教室行为仰赖教师有效的团体管理，像是注意课程进行、流畅转换和学生的注意力与责任心等（Kounin，1970）。有效能的团体管理须掌握以下原则与策略：

团体中普遍存在一种"涟漪效应"，也就是在教师处理学生问题时，会影响其他目睹此一处理情境的学生的行为表现。教师在对幼儿处罚或赞赏时，涟漪效果会从被处罚或被赞赏的学生身上扩散到班上其他幼儿身上，因而表现更坏或更好的行为。

有效能的教师知道教室里任何时刻、每一区域所发生的事，即"掌握全局"；这是一种在教学活动之间能顺利运行、流畅转换，具有同时处理班上两件以上事情的能力，例如，正在辅导某个人或小团体活动时，会注意提醒教室其他组幼儿的行为与学习。让幼儿能专注于工作，也同时处理了干扰问题，不会顾此失彼，这即是"眼观四面、耳听八方"和"同时处理"。幼儿知道教师在注意他们，会比较专心活动，教师能运用"同时处理"就比较能"掌握全局"及时处理问题；做不到"掌握全局"也就无法"同时处理"了。教师维持课程进行时，会判断事情的轻重缓急，把握时间及时处理，在事端起始即加以解决，不让问题扩大至不可收拾。也会专注在焦点活动上而忽略较不重要的小事，不会经常停下来处理各种琐碎问题，而影响幼儿的专注，这些都有助于全局的掌握。

教师可多观察全班共同目标的达成，借幼儿的同伴影响与互动，形成互助向善的力量。幼儿会明白，有些工作不只是个人表现，而是要靠共同努力，当有人表现不良行为时，会遭受同伴压力，必须要加以改善；一个人的行为若使同组失去荣誉，大家会一起帮他修正，这正是教师可以运用的团体力量。

第六节　运用肢体语言培养良好行为

教师运用有效的肢体语言可协助预防不当行为的发生，建立良好教室规矩（Jones，1987），这类肢体语言包含以下几种。

第一，眼神接触：眼神接触能传达掌握全局和关怀个人的行动，无论正在进行什么活动，幼儿会知道教师在关心他们。

第二，身体接近：较易表现不当行为的幼儿可安排在教师身边，便于随时注意他的行动，或将其座位安排环绕教师，有问题时可立刻靠近处理。

第三，身体姿势：教师站立走动的身体姿态能传达精神动态和领导能力，因此不宜在幼儿面前表现颓废无神，而要随时精神奕奕面对幼儿。

第四，面部表情：教师的面部表情能传达热情、认真、快乐和幽默感，比言语更有效，也能鼓励幼儿表现好行为，可善用面部表情来传达正向的意思。

第五，手势：教师可发明使用不同手势或信号来引导幼儿行为，并维持其注意力。借默契和共识，用手势做有效沟通。

总之，有效运用肢体语言能传达出教师掌握全局的沉着，对正在发生的事情有所警觉和了解，让幼儿知道教师认真也知情；幼儿受到适当的注意与关怀，也较会做到自我约束。

综上，都是建立在尊重幼儿、良好沟通基础上的适性教育和培养。幼儿既未受到不合理的压抑或限制，也就没有表现错误行为的需要和动机，将能愉快而自尊自主地去遵循规则。这些强调教师身教、理性处理问题的原则做法，将能逐渐奠定幼儿良好的学习习惯与行为基础。

★案例 8-1　午餐喂食问题（林老师）

喂饭可说是不少幼教老师的梦魇之一。刚从事幼教的第一年就遇到好几个不吃饭或吃得慢吞吞的孩子。饭吃得慢并不是什么大问题，只要加以诱导即可，但不吃饭可就麻烦了。任由他去是对孩子不好，自己良心过意不去，家长更有话说，但幼儿在喂饭时头不抬，口不开，有的甚至就趴着不理你，真是头痛。刚开始时自己总是耐着性子说："吃一口就好，再一口……"结果才一转身，饭菜全吐到地上或藏起来，接下来只好动用老师的权威了，"今天只给你两口饭，你一定要吃完，如果给小朋友吃或倒掉，你就要受罚了。"结果呢！吃是吃完了，却吵着不来上学。第二年，一开学便和家长们沟通，先了解每一个孩子的吃饭习惯，并请家长配合在家多让孩子练习自己吃，所以一切顺手多了。开始时不强迫但鼓励，实在不会吃再请小帮手帮忙，喂饭已经不再是自己独撑的事了。另外，我在新接一个班级时，会先观察每一个孩子不喜欢吃什么。在添饭时便让孩子从少吃开始，逐渐增量、鼓励尝试，让孩子适应不同的菜色口味，慢慢终于能改善孩子的用餐习惯。

★案例8-2 孩子爱说话(洪老师)

　　幼儿爱说话的情形相信每个老师都碰到过，刚开始时自己用的方式是闭口不说，看看幼儿的反应，但一阵子后就无效了。上课也吵下课也吵，令人头痛；园长建议用开关灯的方式，太吵了便关灯，等安静了再开灯。这种方式用在自由活动时间是蛮不错的，但在团讨或说故事时间，老师还得走来走去却很麻烦。又有大班的老师建议做个大嘴巴，给爱说话的小朋友戴，让所有的小朋友都知道哪一个人爱说话，而这方式我是不愿尝试的，毕竟太伤孩子的自尊心。结果呢！自己进入幼教界已四年了，威胁、利诱都试了，但是要让孩子说话小声、团体时间要说话时先举手，还是有些困难。后来自己画了两张图放在黑板上，一张是小声说话"嘘"，一张是举手，当乱象又来时，便用手比比图片，没想到还收到不错的效果。虽然这种情况已有改善，但我真的希望能有更好的方式，达到更好的效果，让自己的教学能更顺利，更得心应手。

★案例8-3 眉毛不见了与沉默的幼儿沟通(黄老师)

　　"黄老师，纬纬的眉毛是谁剪的？"纬纬妈妈生气地打电话来问。

　　"眉毛？怎么了？我不太知道耶！"我很讶异地回答。

　　"前天，在帮他洗澡的时候，就发现眉毛有被剪的痕迹，今天放学一看眉毛的地方白白的好明显，怎么会这样？"

　　"请问您问过他是谁剪的吗？"

　　"问他，他都说不知道啊！我自己剪的啊！"

　　"纬纬妈妈，实在不好意思，我疏忽没注意到，待会儿我会再问他是怎么回事，晚上再跟您联系，对不起。"

　　对于这件事我一直耿耿于怀，升完旗后将此事说出来让幼儿知道和讨论，并且想查出谁做了这件事？在讨论的过程中，我提醒幼儿剪刀是用来剪东西，例如：纸、线，不可用来剪身体上的东西，尤其是眼部……谈论到最后，以很婉转温和的口吻问道："请问是谁拿剪刀剪纬纬的眉毛？你承认告诉黄老师，黄老师不会处罚你。"说完，大家就七嘴八舌地指出是阿立(平常在班上较常作怪的小朋友)。阿立则马上起立为自己辩白，解释他昨日的一天活动行程，看起来不像是说谎的样子。问了许久，软硬兼施的策略都无法问出个所以然来，请主角纬纬仔细想一想，可能是谁？他总是回答："我忘记了，我不知道，没有，是我自己用手拔的。"就是不肯透露出任何信息。不厌其烦一遍又一遍问他，终究还是徒劳无功，没有任何蛛丝马迹可寻。

晚上与他的妈妈联络，将今天的过程一五一十地转述让她了解，妈妈也很无奈地说，今天又问他是谁弄的，他的答案还是："不知道，忘记了，是我自己拔的。"因此，此案例到现在还是悬案一桩。

平常与家长的沟通是一件很重要的工作，然而当幼儿在学校里产生了任何问题，做家长的有可能情绪激动、言语不客气，身为幼教老师这时就要低声下气或婉转地承认自己的疏忽，并设法解决。至于有的幼儿遇到任何委屈或别人不对的时候，毫不计较，也不向老师申诉，老师问他也只说不知道，面对这样的幼儿有什么更好的沟通策略？或就跟他一样"不计前嫌"算了呢？

★案例8-4　害怕玩沙的孩子(杜老师)

有一次带小朋友到沙坑玩沙，每位小朋友都玩得很高兴，唯独心心站在旁边看其他小朋友玩不肯下场，我问她："怎么了！沙子挺好玩的耶！"心心说："沙子好脏喔！玩沙之后，手、手指、衣服、脚都会脏脏的，妈妈会骂我的！"我说："脏了没关系，用水冲干净就好了。"这时我想心心的妈妈是十分爱干净、整齐、从不马虎的专职家庭主妇，心心可能因此受妈妈的影响。沙子和水一样都能提供幼儿丰富的感官经验，如果不敢玩沙实在太可惜了！于是我说："心心你看！祥祥用沙做了一座城堡，哲哲做了一把枪，茹茹做了一个蛋糕，巧巧捡树叶煮菜……"

巧巧也说："心心！一起来煮菜！你来当妈妈好不好？"看到心心的表情缓和多了，不再像刚才那样抗拒，我又说："心心，我拿手套让你戴着，你的手就比较不会脏了！"这时心心犹豫一下，就戴着手套煮起菜来了。玩着玩着，渐渐进入游戏。巧巧说："弄脏了没关系！等一下拍一拍就好了！"心心听了巧巧这么不在乎脏的情形，似乎放心不少。

我又说："心心！我们有好多水果模型，还有许多种类的铲子，你可以把手套拿下来，用铲子玩，手也不太会脏！"正玩得高兴的她，居然很洒脱的脱下手套，拿起铲子一直挖沙子。挖着挖着，不小心沙子撒到她的手臂了，她的表情突然怔住，正想大叫时，眼睛瞟了四周一下，突然发现每位小朋友的脸上、手上、衣服上、脚上多多少少都沾着沙子，可是他们却根本不在意，仍然高兴地玩着沙子。过了一会儿，心心兴奋地说："老师！老师！你快来这里！我做了一个好甜好甜的蛋糕要给你吃！"

★案例 8-5　咬人的孩子(余老师)

中午午睡起床，霖霖整个脸、耳朵都是红一块紫一块，并且肿得可怕，不敢哭出声，只是直掉泪。老师见状心疼得很，霖霖本是一位非常乖且静的孩子，很少会与人起争执，才一个午休时间便是如此惨状，除了赶快安抚他、为他擦药外，边问是谁做的，他才泣不成声地说是安安咬的。叫安安过来问原因，他却说："我不喜欢跟他睡在一起，叫他走开，他又不要。"老师说："你不喜欢他睡你旁边，也不可以咬人啊！你看霖霖被你咬得红红肿肿的，有的地方都快流血了，你觉得他痛不痛？"安安说："我不知道。"老师接着说："你问问他痛不痛？"安安还不太情愿，并且说："谁叫他不走开，如果会痛，他就会走开，也会叫了啊！为什么没有呢？"

安安聪明善辩，受爷爷宠爱，又看太多电视，不分是非对错照单全收，以致强词夺理。老师仍然很有耐心地辅导："你没有问他，怎么知道不会痛？不然也叫他咬你一口，看看会不会痛，好不好？"他马上回答："不要！"老师："为何不要？"安安："会痛呀！"老师："你的肉会痛，那霖霖的肉会不会痛？"他听了才觉得有几分愧疚，但又回答："我妈妈说过不可以打人，君子动口不动手呀！我没有打他，我用嘴巴咬他而已呀！"老师听了啼笑皆非，孩子的理解力不足，居然误解了妈妈的话，妈妈因为他爱打弟弟，为了强调不可以动手打人的意思，竟被安安当成可以咬人了！老师只有再解释说明动口的意思是用嘴巴讲出你不喜欢的事，而不是去咬人。"你咬人而不说清楚原因，他怎么知道呢？所以要用说的，别人才知道你的意思啊！"安安听了老师的话终于有点懂了，态度也较软化了些。安安虽然独断，但还算讲理，只要讲得让他听懂、了解，还算好沟通的孩子。老师见他有悔意，又不知如何是好的样子，马上对他说："霖霖一定很痛，不然不会一直哭，你咬了他是你不对，应该怎么办？"他马上跟霖霖说："对不起！很痛喔！"老师随即说："以后不可以再咬人，咬人是不对的，也会让人很痛，以后有事要用说的，知道了吗？"安安说："知道了。"

第二天，他妈妈提了两桶乖乖桶来，一桶是送给霖霖道歉，一桶是给全班小朋友吃的，所幸问题没有恶化下去。由这件事的经验中可知：孩子的行为皆事出有因，辅导之道必须先了解其原因，再加以说明，相信孩子会清楚自己的对错。此外，父母跟孩子讲话应以其能了解的方式告诉他，并且要简洁清楚，不能忽略了孩子的认知理解能力。

另外，被欺负而不吭声、不会自保和求助的孩子，我们常常认为他们是乖巧没问题的，因而忽略了他们也是该辅导的对象，否则有不满或受怨时，不会反抗或表达，长久下来也会产生另外的问题，所以我们辅导孩子时，也不要忘了温暾型孩子的问题和困难。

★案例8-6 所有行为皆可教导(代课教师蔡老师)

我在离开幼教工作半年后，再次经人介绍至小学附设幼儿园担任代课老师。这所附幼成立了三年，初见到教室设备，内心实在有很多的疑虑；也许是乡下的缘故，一个班级共二十七位幼儿，年龄分布从三岁半到六岁都有，平日由两位老师轮流上课。记得第一天上班时，班上幼儿个个都以好奇的眼光看我，或几个人围着窃窃私语，或许是因为我主动跟每一位进到教室的幼儿道早安，使得幼儿们不适的感觉很快消失。不久，六年级的大姐姐进来教室，准备协助幼儿用早餐，此时幼儿开始有些混乱了，有的依老师的指示去拿钢杯，有的根本没把话听进去，而是到积木角玩了起来，有的甚至去拿图画纸画画，完全不理会老师。

这种混乱的情形一直维持着，协助的大姐姐也帮不上任何忙，豆浆、肉包都是孩子自己取用，他们只站在一旁边吃早餐边聊天。我先协助陈老师把在积木角玩积木、画画的孩子安置下来吃早餐，接着我又发现幼儿在盛用饮料时，每个人都盛了八九分满，我很纳闷："莫非孩子食量都比较大?"但过不久，马上有幼儿来说："老师我不要喝豆浆""老师我不要吃肉包""老师豆浆太多，我吃不完……"

还有孩子在进食间吵架而打翻了早餐。这在我过去的经验里，除了开学师生彼此还在适应的期间会出现外，此类常规应在开学一段时间后即步上轨道，可是我看到的班级实在不像是已经上过一学期的课程。该班老师表示，幼儿们的肉包若是吃不完，就留着下午带回家，至于豆浆则倒掉。曾问如此是否太浪费？且包子若留到下午可能会坏了，陈老师却反问我是否有办法改善？

接下来三十分钟的早餐时间，教室可以说是闹哄哄的，老师把幼儿全丢给我，而幼儿们也大声地交谈。当幼儿用完早餐，在清洗餐具之前必须以卫生纸（或纸巾）把餐具里油渍擦净再拿去用清洁剂清洗。有的孩子卫生纸一拿就是一叠，光是早餐时间，教室的垃圾桶就已经一堆了；有的更直接把卫生纸丢在地上，在这段时间里，我在教室看到的情景是脏、乱、无秩序。

虽然代课的时间只有短暂几天，但希望在代课期间尽力做好分内的职责，于是在生活常规的时间，我请幼儿围坐在教室中央一起讨论早上用餐时段所发生的事，例如，豆浆盛太多以致吃不完、餐具的清洗、卫生纸的使用、碰撞以致打翻早餐等各种问题的解决方法。每当讨论到一些违反规定的事情时，幼儿的反应总是错不在我，说来说去都是一些怪罪别人的话，后来我们做成一些约定。

1. 老师在早餐前会播放音乐，提早到达教室的幼儿可以先在图画角阅读，音乐停止时，幼儿按桌次洗手、拿早餐，待全部幼儿取完坐下来才一起开动。

2. 无论是饮料或面包都适量取用，如饮料（豆浆、稀饭）都先盛半杯，面包也先拿半个，若想再吃，再拿第二遍。

3. 吃早餐时不可以起身走来走去。

4. 取用早餐的行进路线分开，例如，由左方排队拿餐点，再由右方走回座位，这样就可减少碰撞打翻的情况。

5. 打翻的餐点，年纪小的幼儿可以请大姐姐协助清理，大班幼儿则可以自己用抹布擦净。

6. 用餐完毕，拿一张卫生纸擦嘴，再擦掉餐具上的油渍后去清洗。

7. 使用过的卫生纸要丢在垃圾桶里。

和幼儿一起定出规则，自然也得陪着幼儿一起实行，因此在代课的那一星期里，不时地叮咛、提醒幼儿，我几乎把他们当成是自己新带的一个班级，常规重新建立。当第一次看到总是把卫生纸塞在椅子底下的阿蓉，把擦过鼻涕的卫生纸丢进垃圾桶时，我刻意地在幼儿们面前夸奖她，并很诚心地拥抱她一下。我能感觉她真的很开心，因为隔天她妈妈来校就复述了这件事。虽然一个星期能改变能建立的习惯有限，但最明显的改变是幼儿们浪费食物的情形减少了。

担任代课老师，带的是他人的班级，班上自有其原本的一套常规模式，我也担心自己是否太越权，造成带班老师的困扰。但至少在那一星期里，我很有自信觉得自己的教学能带给幼儿喜悦和快乐。

至于学校早餐对幼儿园造成困扰的问题，因为学校早餐所提供的量完全和小学生相同，试想：一个幼儿园的孩子，怎可能一早吃一个大面包（或肉包、大馒头）和豆浆，一小时后又继续吃一堆点心？可是幼儿园的老师却不曾请校方向厂商建议，将幼儿园的面包做稍小些，除了吸引幼儿，也可减少浪费。

教室里的行为规范应是老师与幼儿一起形成建立的，一旦制定规则，老师也该共同遵守。否则，只要求幼儿遵守规定，自己却言行不一，造成不良结果之余，除了感叹现在的孩子不好教之外，是否自己也该深深自省？

★案例 8-7　从生活中养成一生的好行为（林老师）

我从小向往能拥有一架"风琴"，如果有一架风琴，不但可以满足我爱唱歌的心，更能满足想学琴的梦想。但是，对于一个平凡的家庭而言，"买琴"简直是遥不可及的梦。不记得是二年级或三年级那年，我家真的拥有了第一架风琴，那是我用100张100分换来的礼物！

妈妈说："只要你累计100张100分，就可以换一架风琴。"回想起来，当时是"考试时代"，大考、小考通通加起来为达成目的的努力不懈，成绩好拼命领奖状，终于风琴也得到手。想必妈妈不会知道那是"代币制""积分制"，但是妈妈的奖赏，对当时生活简单的我们，却是最大的鼓励。

从行为改变技术的理论看自己童年的例子，让我有深刻的体会。

1. 善用规则生活，训练良好常规，使人一辈子也难以忘记。

2. 善用奖惩方式，建立良好生活习惯及学习态度以达到学习成就。

3. 最大的鼓励，来自于内在需求的动力。

回首童年，许多当时由父母亲所建立的习惯态度，的确根深蒂固的影响我的成长，以及日后处事的态度。当年父母可能对"行为养成""行为改变"这类名词或技巧一无所知，可是他们循规蹈矩的态度、井然有序的生活，无一不给子女们潜在的示范。当我们在课堂上谈论"制约→反应"，其实生活中的规律就制约了我们的生活，唤起内在的秩序感，以及到老也不会偏离的内在秩序需求。

在物质丰富的今日，似乎再贵重的物质也奖赏不了孩子的心，但对于童年过着单纯俭朴生活的孩子而言，小小的奖励、小小的惩罚均足以为喜、足以为戒。今日我们生活富裕，重谈"返璞归真""回归自然"，除了代表人的回归原始需求以外，也蕴含更深一层的原理。当人的需求降至最低，也减少了许多外在不必要的行为与冲动、欲望。

对于身心健全的幼儿而言，在童年建立"自制力"是很重要的。"好的行动"是一种成长、生命的力量；"坏的行动"则是一种毁灭破坏、阻碍成长。人为生灵之首的智慧，必然可从内在需求中觉知向善的行动力，养成良好行为的自制力。这种力量，可从生活中去体验、学习，也可从父母、老师身上学习模仿，或借"制约"练习而成。

问题与讨论

1. 注意一位教师如何对幼儿的伤心和沮丧做回应，他倾向于接受还是拒绝幼儿这种负面感情？是否只想让幼儿分心不去注意那些负面感情？你觉得用哪种方式处理这类问题比较适当？

2. 观察一个班级：教师怎样和幼儿说话？他们在与其他成人说话时的情形又如何？听起来是否合理，对孩子是否尊重？

3. 一位幼儿跑来跟教师抱怨，因为他想骑脚踏车，而另一位幼儿在骑却不让他骑，这位老师如果用没效率的方式回答会是如何？用积极聆听的方式又是如何？

4. 观察一位老师对班上幼儿的注意力，多半是集中在幼儿的不当行为上或恰当行为上？幼儿对此的反应如何？回头审视自己与幼儿的互动，是否无意中也助长了不当行为而不自知？

5. 你如何让幼儿了解奖励的意义？运用奖励后观察幼儿的行为是放在学习上，或为了争取奖励上。试着了解奖励对幼儿学习目的和态度的影响。

第九章　幼儿行为问题的辅导

在辅导幼儿行为问题上，事前预防与事后纠正同样重要，教导增强幼儿适当的社会行为，也与消除其不当行为同样有效。在上一章针对幼儿教室行为的预防性和支持性的努力之下，幼儿应能养成适当良好的行为与学习态度，逐渐融入班级的团体生活中；若仍有不当行为的发生，就有赖治疗性或纠正性策略的实施，本章将针对不当行为的产生、类型与处理等方面进行讨论。

第一节　幼儿不当行为问题的产生和严重程度

幼儿在幼儿园阶段学会可被接受的"适当行为"，是一个社会化过程的表现，而"不当行为"则是指对自己、别人或环境不恰当或造成困扰的行为。一般对"不当行为"注意的是幼儿行为对他人的影响和干扰；若从幼儿的角度来看，则要检视幼儿的能力水准、动机、问题严重性和长期影响等方面（Miller，1996），看它是否负面影响了别人或团体的运作。幼儿会产生不当行为，可能是因为精力充沛、不明白教师的想法、做不到教师的期望、觉得无聊疲倦或不痛快、渴望得到注意、受不了挫折、生气或怨恨、觉得无助等原因；也因为经验有限、正在发展社会行为、没有足够的认知能力和情感资源帮助他们做适当的反应所致。幼儿的行为表现受内、外在因素的影响：内在因素像是天性人格、基因性别及认知能力等；外在因素则包括营养医疗、文化刺激、父母教养、教师示范及同伴模仿等（Zirpoli，1995）。幼儿的不当行为表现有各种可能的原因；为了深入了解，有必要先分析行为（陈千玉译，1997），再助其改善。从认知角度而言，犯错是学习的经验，教师应给予帮助或引导，教导幼儿如何解决问题，而不是批评其人格，处罚他的不善于解决问题。心理学家 Harlow 的"社会关系层次"观点认为，幼儿对学校环境中的情况、人事反应关系形态，有三种层次的运作。

第一种，生存层次（survivor）：为求安定和适应目前环境而不愿改变，因此行为表现较固定，遇到新要求或挑战时会加以忽略。

第二种，适应层次（adjustment）：开始学习了解环境中别人对他的期望并做适当的反应，此时较依赖权威，会照别人的要求去做。

第三种，面对层次（encounter）：较不在意安全和确定性，由被动变为主动，想维持自主、完整与启动性，较能有效地学习。

以下用幼儿适应上学的历程为例说明：幼儿初入学时，一切怕生，静观周围现象，小心行为表现，是处于生存层次；等较熟悉环境后，幼儿行为表现逐渐合宜，不再畏惧，是适应层次；再过一段时间完全熟悉环境了，幼儿不再畏惧什么事，会开始进一步试探学习环境中的其他可能，也可能产生所谓"油条"的行为表现，这是面对层次。幼儿在这三层次的运作中，可能会产生各种不当行为，教师须加以了解和辅导。

层次一：实验层次的错误行为，从面对层次产生。这是幼儿对环境中人事的好奇和参与的反应，例如，争夺玩具、故意说脏话等，都是想测试教师的反应，教师可将此视为幼儿学习新行为的过程，避免过度反应，只要说明事实而不打压其人格。

层次二：社会影响层次的错误行为，从适应层次产生。取悦团体中的人是为了争取认同，或盲从于心目中重要人物的行为，例如，为了向幼儿示好而和他们一起起哄。开始产生对师友权威的依附，如果知道自己被接受，或大人的期望很明确，较容易改善不当行为。此时教师应以友善、坚定的态度鼓励他去改变。

层次三：强烈需要层次的错误行为，从生存层次产生。为了生存，对未满足的基本需要积极争取，如被爱和被关怀，或对做不到的事感到痛苦，表现易怒、挫折、敌意、退缩、疲倦等行为。幼儿不快乐的来源包括"生理上"和"情感上"的不舒服，也因不善掩饰、不会表达、无法适应而产生压力，需要被帮助。

只有建立在接受和尊重基础上的关系，才能引导幼儿建设性的行为。当幼儿产生不当行为时，教师要了解是在何种情况下有此表现，以及其来源、动机及错误行为的层次；也逐步引导幼儿认识了解行动的意义、人际关系及行为结果。

第二节　冲突是常见的现象

幼儿与同伴互动频繁，冲突也就无可避免，对幼儿而言，"冲突"较偏向肢体冲突的认定（陈淑琴，1999），也有将肢体上的不当接触，视为幼儿主要的冲突行为（引自李文正，2004）。幼教教师所处理的不当行为中，也总不离"打架""咬人""推人""抢夺玩具"等肢体上的冲突（王淑娟、林欣莹，2002；李文正，2002）。幼儿冲突也可能随事件或情境的不同而出现不同的形式，例如：意见相左或争论、在日常作息中打人踢人等肢体冲突，或骂人、不愿分享、擅自使用别人的东西、叫别人绰号、斗嘴、恶作剧、告状、不跟别人玩等各种形式（DeVries & Zan，1994）。在处理冲突的解决方法上，不同的课程模式、教师期望、教室常规等都会影响解决方法（林丽卿，2000）。例如：蒙特梭利教学的教师强调幼儿若干扰或妨碍他人时，必须先说"对不起"，所以冲突产生时会要求彼此道歉。主题教学的教师在幼儿发生冲突时，会要求自行协商解决，必要时才介入，而教师在鼓励协商时，会引导幼儿处理冲突的能力，再引导其解决问题。

一、冲突的形成

幼儿冲突的成因可约略分为远因和近因。远因是指幼儿发展及社会环境因素。学龄前的幼儿因发展上的限制，如自我中心、直觉思考、不可逆性等，较无法站在他人角度和立场思考问题，因而与人发生冲突（张新仁主编，2003）。幼儿所接触的社会环境，包括周遭的人、事、物，对其行为都有影响。如果家中成员做出不适当的行为示范，或常受媒体污染，都可构成幼儿冲突的远因。近因则是指在幼儿园内因偶发事件造成冲突的原因，常见像争夺玩具、口语及肢体冲突（李淑惠，1995）、意见相左、告状或游戏争执等都是。主要冲突的近因可归纳为：争夺资源、受到侵犯、有人违规、意愿受阻等（林心智，2003）。

二、面对幼儿的冲突

教师介入处理通常希望幼儿能降低冲突、和平解决，减少冲突带来的生理、心理伤害。依据不同程度冲突的严重性，因应策略可以是：消极回应（点头、倾听）、请幼儿自行解决、安抚情绪、给予建议、规则提醒、寻求替代物、移开目标物、转移注意力、沟通讨论、口头制止、隔离、权威仲裁、通知家长、要求合作等（林亮吟，2004）。以上策略可归纳为：问题解决、交涉调解、间接介入及权威仲裁四大类。

第一类，问题解决策略：在教师协助下，让冲突双方对问题坦诚沟通，综合双方意见，寻求满意的解决方案，包含：面对、整合、协同、倾听、沟通、公开商讨、合作解决等。

第二类，交涉调解策略：教师居中调停协商，促使双方都有让步与收获。在调解过程中，需能发现问题本质、倾听不批评、建议化解歧见的方法，以及保持客观超然的立场，包含：和解、满足对方、互惠、让步、提醒、建议等。

第三类，间接介入策略：教师未直接处理幼儿冲突，而是将处理权交给幼儿，包含：请幼儿转达，设法传达教师叮咛，请能力好的家长或教师出面处理等。

第四类，权威仲裁策略：幼儿尊重与服从教师权威，让教师用一些策略来处理冲突，使其不会继续扩大，方式包含：转移冲突或寻找替代物、隔离、直接提出指令等。

三、培养幼儿的社会能力

冲突既起因于幼儿社会化能力不足，那么培养他们的社会能力即是辅导的重点。加强培养幼儿社会技能的方法有以下几点（王淑娟、林欣莹，2002；陈淑琴，1999）。

第一，鼓励参与活动。常与人发生冲突的幼儿，个性较孤立且不喜欢参与班上活动，不易有好的人际关系。教师应鼓励他从有兴趣的活动开始，慢慢走入团体，逐渐和其他幼儿建立关系。

第二，帮助发展同理心。学习慷慨、利他的行为，提供幼儿机会去体验助人的满足和愉悦，引发利社会行为。

第三，教导合作的价值。教师会因胜利或超越他人而奖赏幼儿，却忽略了教导与人合作的快乐。教师应提供让幼儿共同完成工作的机会，鼓励互相帮忙、解决问题，如辨认冲突、沟通协调、寻求解决及遵守协商结果等。

第四，协助发展友谊。幼儿表达友谊的方式不同，从分享玩具物品、共同游戏，到提供心理支持来表示友谊等。教师可在平日多教导分享的概念，并鼓励幼儿表达。

四、适时的引导与预防

冲突事件发生时，教师的适时引导也很重要：①接受幼儿对冲突事件的感受和看法。②倾听并协助幼儿用口语表达感受和想法。③让幼儿有机会表达或建议解决冲突的方式。④支持幼儿共同达成的协议。⑤在冲突中，协助幼儿认清自己的责任(DeVries & Zan，1994)，协助处理冲突，能去除以自我为中心，为他人着想。

研究发现，社会互动良好的幼儿在想加入别人的游戏时，会运用一些方法，如直接的要求(条件交换)、间接的问句(你们在玩什么)、协助的角色(我帮你修理好不好)、模仿行为等(Hazen & Black，1989)；二至四岁的幼儿也会使用各种策略来加入别人的游戏，如微笑的非语言策略、介入相似的活动、围绕在他人周遭、口头要求加入等(引自钟凤娇，1997)。"布置类似的活动"也是加入别人游戏的成功策略，而"干扰"是最不易成功的策略(Corsaro，1992)。由此可知，运用加入游戏的策略可为幼儿制造更多与他人互动的机会，教导这些策略可以有效减少冲突的发生。

教师还可透过学习环境的安排、高层次社会戏剧游戏的设计(如扮家家酒)增加幼儿自主性的操作机会，提供诱发社会化行为的游戏材料或玩具等，也能培养幼儿的问题解决及冲突化解能力。Kreidler(1994)曾提出建立一个祥和教室的模式，可用合作、沟通、情绪表达、尊重不同意见及冲突化解等主题，来促进幼儿化解冲突的能力。Smith曾为三至五岁的幼儿提供由友谊、同情心、互助合作及仁慈等不同主题所组成的学习活动(引自李文正译，1996)，透过这些活动设计，加强幼儿的社交能力和自我情绪的管理，以预防和化解冲突的发生。

但近年也有发现，不少幼儿的冲突行为是想在群体出头、取得掌控、捍卫地位的一种手段，攻击行为未必是因为幼儿缺少社交技巧或疏忽，反而是需要用到高等社交手腕才能奏效。采取关系型攻击的幼儿其实很懂别人感受，出手更是讲策略、具社交智能(潘勋译，2010)。有攻击倾向的幼儿，有时人缘却不差的原因是"胆敢与大人不配合"，反而显得很独立而令他人崇拜；利社会的相反未必就是反社会行为，这样太简化幼儿行为的复杂性。如果此时教师为了排除攻击冲突而安排更多互动时间，结果幼儿挤在一起更久，反而让攻击或冲突更容易产生。幼儿争抢同伴地位、群体位阶、争强争胜的动机渴望，有时会超过分享、同理的教育目标，教师对此论点也可深入认识了解。

总之，幼儿冲突来自复杂的因素，教师如能正面看待冲突行为，透过适当课程设计和常规管理，在情境中适时引导，培养其社会能力，应可协助预防和化解。

第三节　介入幼儿行为问题

幼儿的能力和心理会影响其行为，因此辅导行为问题的短程目标是减少不当行为，使不再犯，长程目标则是养成幼儿健全的心理与习惯；教师应运用各种方法策略，求助于专家、同事、家长或医疗，集思广益寻找解决的方法。辅导幼儿行为的步骤有：制订行为目标、决定适当的增强物、选择改善行为的程序、执行程序和记录结果、评估和修正过程。内容包括：①简单陈述问题是什么。②尽量列出可能的解决方法。③评估列出的每个方法。④找出一个最可行的方法。⑤试用这个方法。⑥评估效能。⑦看此方法是否还需改变。

可先将幼儿的不当行为依严重程度分类后（Evertson et al.，1994），再决定介入程度。

• 小问题或不是问题：会短暂干扰学习，但还不至于影响教学活动，例如，幼儿上课或活动时不专心。

• 轻微的问题：幼儿有违规行为但不常发生，干扰到少数人还不太严重，例如，在教室乱丢垃圾不收拾。

• 有问题但影响范围有限：幼儿行为会影响某些人的学习活动，有时会较严重，但属单独违规事件，例如，动作粗鲁或打人。

• 问题已扩大：幼儿的行为已对他人和学习环境造成威胁，例如，在教室大声喧哗、制止不听或拒绝合作等。

当预防无效，行为已明显干扰班级时，就需要介入改变。当教师介入处理时，先要知道有哪些选择，例如，让幼儿在走廊罚站是允许的吗？有问题时能把幼儿送到办公室吗？园长会与教师一起指导幼儿吗？介入处理时，教师应少说多做，唠叨会使幼儿麻木而不在乎。用合理的因果关系处理，表现适当则予肯定；做法上融入增强系统，形成预防和介入的双重机制，才能有效纠正行为。透过增强来加强建设性行为，削弱非建设性行为，也是在教导自我控制、防止不当行为恶化。最好在师生双方建立互信基础后才介入，如果幼儿还未学到责任和限制，介入会让他有失败感，最好是内在控制，而不是教师控制，指导重点如下（Levin & Shanken-Kaye，1996）：第一，提供幼儿机会练习自我控制。第二，不会对班上造成更多的干扰。第三，保护幼儿心理生理上的安全感，以减少对抗。

介入辅导幼儿行为也可分别在"问题刚开始时""问题尚轻微时"和"问题严重时"的不同阶段来介入。最好能依轻重缓急，在问题刚发生就处理，以免等到严重时才处理会更复杂。介入的程度分为以下三种。

一、轻度介入

在问题刚发生时，加以警告或提示即可。①用眼神接触、摇头等肢体语言加以暗示制止。②活动进行应减少转换与时间的浪费，以免增加幼儿行为不当的机会。③接近幼儿并以非口语形式来阻止其不当行为，例如：以手按住其肩膀，在分心时以动作提醒他们等。④提供选择，让幼儿择一：要表现恰当或继续犯错，告知各将得到何种行为后果，提醒对自己的选择结果负责。⑤立场坚定，要求幼儿做完"应做"的事才做"想做"的事，必须完成指定或自选的工作，此法如"祖母的原则"（Jones，1987），坚持做到不接受借口。

二、中度介入

在问题尚轻微时，使用负面行为结果来阻止不当行为，让幼儿练习自控。

第一，剥夺特权或想做的活动：如想和好朋友坐在一起，须等到表现出恰当的行为才可。这不是直接的惩罚，副作用较少。

第二，孤立或转移他处：如隔离、不能参与活动，一旦表现良好即可回来。但要避免有些幼儿反而把这当成奖赏，或因感到受排斥而心生恨意。

第三，轻罚：要求幼儿把没做好的工作重做一遍，如再收拾一次区域中的玩具，或留下工作者不能下课去玩，教师与他谈话督促做好应做的工作。

三、广泛介入

广泛介入用在问题已严重、幼儿不肯改进，且持续对班级和他人造成干扰时（Canter，1976）。

第一，对特别违规行为的处理可以。①"走过去"：直接走到幼儿前面，用眼神、手势等加以制止，告知这样的行为须承担何种后果，例如，犯了错误不能到区域玩，再告知下一步要做什么。②"不要动"：对失控的一群幼儿使用，以坚定冷静的口吻说出，吸引幼儿注意，再引导恰当的行为表现。

第二，面对幼儿严重违规、乱发脾气或人身攻击时，尽量维持冷静坚定。①果断的面质或私下约谈，说明"我不能接受你无礼的态度。"②传达关心，"我很关心你……"。③说明期待，"我希望你不要再打人。"请他复述一遍以确定了解。④使用"破唱片技术"，避免无谓的争辩："我了解，但你就是不能在班上打人。"

第三，使用扣分系统，先要求幼儿停止不当行为，如果再犯时在黑板上画记，但也要注意他的良好表现。这种做法最好只针对较严重的不当行为来实施，且老师应避免扮演过多警察的角色和对幼儿自尊的伤害。

第四，与幼儿签订契约，讨论他的问题、听取他的观点、共同寻求解决的方法，同时提醒若未做到会有何种行为后果，并赞美已做到的部分。

第五，使用录音机录下违规的言行放给家长听，邀请家长协助解决幼儿的问题。

上述的介入策略教师可"要求"幼儿做到，但不要造成对立。有效的要求是告诉幼儿怎么做，而不是跟他们说"不要做什么"（Fisher，2003），例如说："小明，请拿出你的书来读！"而不是"不要在教室里逛来逛去好吗？"或"坐在你的位置上！"老师陈述的要求用字，要能坚定而不严厉，既能保有自尊，也减少斗争的可能。提出要求时认真而确定，而不是生气或侵略性地说话；说话越精简越好，不要旧账重提或威胁孩子"这是我第十次跟你讲……""你什么时候才会学到……"。与幼儿讲话时要靠近，或蹲下与他的视线同高，安静而严肃地要求他停止不当行为。如果幼儿还是无法做该做的事情，就不再提供协助，在旁观察直到他做到该做的事情为止。

但不论预防或介入，若班上还是有人不回应老师所用的任何策略，那就需要个别的介入计划。原则仍希望培养幼儿的责任心和自我控制，确定幼儿知道自己行为不当，将接受责任并承诺改变。在个别介入计划时，要一次针对一种行为，对要纠正的行为明确说明，例如，"想说话时要举手"，而不是"你的行为要恰当"。针对焦点行为要有明确的目标，不断练习和回馈。举例说明如下。

幼儿如果持续干扰班级或别人，教师的解决策略是：先辨识问题，搜集客观资料，例如，下课时大家都排队安静地走出教室，小毛却总是推人或插队，于是写下问题记录。接着安排对谈辅导，设定一个成功的情境，让幼儿掌握如何做对事情，如提醒小毛要安静走路和接下来做什么，看他能否记得和做到；当他记得做这些时，要给予正增强，像赞美、微笑、点头等，直到确实改正为止。

第四节　辅导行为问题的主要策略

在纠正和辅导幼儿不当行为上，有下列几种主要的理论与策略。

一、自然与逻辑的行为结果

每个人都要学习承担自己行为的责任，并为自己的行为结果做补救，这是因果。例如，幼儿因天冷不肯添衣服而感冒，得到生病的痛苦，就能体会这是"自然合理的行为后果"或"因果"。皮亚杰(1950)所提的"补偿性惩罚"(ex-piatory punish-ment)以及 Kamii(1982)的"相互性制裁"(sanctions by reci-proc-ity)，都是指行为后面跟随着的自然与必然的结果；"相关结果"(related con-sequences)(Fields & Boesser，1994)或 Dreikurs 的"逻辑的结果"也是。这种情形下，得此结果并非老师介入，也不是惩罚，因果与惩罚的不同在于(Goot-man，1997)。

第一，这是跟随着行为而来的合理结果，是行为和后果之间的因果关系。教导幼儿种什么因，得什么果，如此一来，什么是适当的行为就很明白；而惩罚则会压迫不当的行为。

第二，幼儿接受所做事情的自然结果，为自己所选择的行为负责，也须弥补因不当行为所造成的错误；但惩罚把纠正的责放在教师手中，幼儿被要求改变。

第三，因果保持幼儿的自尊，惩罚则让幼儿感到羞辱，却仍无法有效减少不当行为；处罚通常是教师在生气挫折或无其他办法的情况下所做的，其实并未教导幼儿什么是可接受的行为。

第四，让幼儿了解并选择自己的行为结果，给他发声机会，帮他学习自我控制，例如，问幼儿："你要在下课时做好作品，还是在午餐时做?"选择了就必须实践，让幼儿预先看到结果而做准备。

因果虽然义理甚明，但由孩子去身陷危险，却不是大部分教师在教学中会做的事，主要不愿让幼儿经历不快、失望或不幸的经验，只好不断帮幼儿收拾残局，又抱怨他们不负责任。幼儿必须明白，将纸丢在地上没人收拾，他就得忍受脏乱；没有收好玩具，下次就找不到没得玩。接受这种"逻辑的结果"或"因果"，明白老师不是施罚的权威者，自己才是行为结果的主宰。自然的行为结果教导幼儿自选的行为及其后果之间的关联，可以"趋吉避凶"逐渐做对选择和行事。面对选择，除了自然结果，还有下列的处理方式(Gootman，1997)。

• 赔偿损失：破坏别人的东西，负责的方法就是修理或补偿；如果撕坏同伴的书，负责的后果就是赔钱或帮他修补；如果在桌上乱涂乱画，就必须去清理；如果迟到，某个活动就无法做到。这是幼儿的决定，教师应在这个过程中支持并帮助他们做补偿。

• 恢复：当幼儿失控时，需要离开教室恢复正常，可能被暂时隔离（time out），让他坐在教室后面，或带到一旁暂时休息，主要是给他时间和空间恢复正常。

• 限制：当幼儿因破坏东西、不收拾、干扰活动或不守规则，以致暂时行为受限，不能用电脑、玩区域或户外活动等，幼儿此时会观察他人的适当行为，知道该怎么做才正确。

• 反应：让幼儿对己身不当行为做一个解决的计划，提供选择或建议协助解决，让此行为不再发生。

让幼儿相信只要选择从事偏差行为就须接受其结果，持之以恒"逻辑的结果"才会有效。如果只在教师心情不好时才使用，或只对某些幼儿使用，他们会侥幸认为自己或许可以逃脱不快的结果。教师应协助幼儿了解何以某些行为不被接受，了解个人要负的责任和需要改变的理由。告知行为结果，语气平静而不带愤怒威胁，若幼儿仍执意要做，就让行为结果自动产生；但"逻辑结果"和"惩罚"只有细微的差别，教师要小心运用。行为结果应对幼儿有意义，且与前面行为有关联，像"没收拾完就不准吃点心"前后没有关联，就只是威胁惩罚了。让一个对着人丢沙子的幼儿负责将对方清理干净，即是相关的结果。

逻辑结果能帮助幼儿思考事情的因果，幼儿才会依自己建构的价值观去行动，也对幼儿的自律和道德自主的发展有帮助。

二、行为改变技术

斯金纳（Skinner 1971）倡导以"增强"来促进良好行为。强调行为会如何表现，系由该行为所得到的他人回应结果而定，如果得到增强，该行为就会被强化；若未得增强或反而得到处罚，该行为就会减弱。借着有系统的运用增强，确能改善人类的行为。学习之初，如能得到"连续性增强"，往往会有最好的效果；一旦达到合乎期望的程度，则维持"间歇性增强"，让增强物只在偶然或不预期的时候出现，会更有效。幼儿因尚处他律的阶段，外来的增强能发挥促进适当行为的功能，是幼儿园中常用且有效的行为辅导方式。

在实际教学中，行为改变技术有多种的变化应用，其原则也广被推展、扩充和修正，像是当幼儿表现恰当行为时加以赞赏，就会重复该行为；表现不当行为时加以忽视或轻罚，再称赞另一位表现恰当的幼儿，他就比较不会重复此行为。

运用行为改变技术时，可以灵活使用各种不同的增强物。

- 社会性增强物：如口头称赞、脸部表情和手势。
- 符号性增强物：如标签、各种记号。
- 活动性增强物：如自由的活动时间、阅读、和伙伴玩耍等。
- 实物性增强物：如食物、奖品和书籍等。

教师可为幼儿选择适合、有效地增强物，并注意如何及何时运用；增强可扩充到"代币制"和"建立契约"，实施到较大幼儿的班级中。契约明白指出哪些工作或行为应该在什么时候完成，如果如期完成，代币是什么，将如何分配；契约的建立能逐渐引导出承诺和负责的行为。例如，老师和小芬定了契约，每天要记得收拾玩具，如果每天做到，一周可以得到五点，累积到十五点，就可以在教师收集的笔当中挑选一支喜欢的。师生双方都认真执行，才能有约束力和成效。

在为幼儿设计行为管理的计划时，无论是为了教导新的社会技巧、增进良好的行为，或减轻不当行为，都须注意此目标行为及与其相关因果，并做到分析所要改变的行为和实现改变行为的步骤；这包括认定且决定所欲改善的行为、不当行为是什么，以及改变的程度及实行做法等(陈荣华，1993)。老师应尽量借示范、角色扮演让幼儿练习适当的社会技巧。将立即性、一致性的增强与口头赞美同时运用，尽量注意和增强幼儿所表现的"适当行为"，而非紧盯着"不当行为"，才是有效的行为改变。另外还有一些策略可供参考。

(一)削弱

当幼儿产生不当行为时，教师会设法找出适当的替代行为，只有在幼儿出现此适当行为时才会予以注意；如果幼儿的不当行为是为了得到教师注意，就应予以削弱，只在表现适当时才注意。因教师不再回应幼儿旧有的行为，刚开始他们可能会表现更多的不当行为，但教师要坚持，使幼儿没有侥幸之机，才能彻底修正其行为。

(二)隔离

隔离是将幼儿从一个增强的环境或活动中，移至另一个没有增强性质的地方去，给幼儿一个地方和时间去思考自己的行动，让他冷静一下，从中产生自我控制的能力。以下是与隔离有关的议题。

1. 隔离的时机

当幼儿出现下列行为：打人、推人、踢人、咬人、耍脾气、恶意取笑他人、对大人无理或顶嘴、生气大叫、抢他人玩具、丢或破坏玩具、抓头发、勒人脖子、向人吐口水、丢沙子、石头、虐待动物、大哭大闹、勒索吼叫、用物丢人、咒骂或诅咒、打断大人谈话、做错事不服纠正等，经老师连续告诫阻止无效，则可将幼儿从情境或团体中隔离（魏美惠译，1997）。

2. 隔离形态（李郁文，2000）

（1）隔绝隔离（isolation time-out）：是较为严厉的处分方式，当不当行为发生时，教师立即将幼儿送进"隔离室"予以隔离，不能和别人接触。

（2）限制隔离（exclusion time-out）：比隔绝隔离轻微些，当不良行为不那么严重，教师要求幼儿暂时离开增强源，到教室区域、墙边或限制坐在"隔离椅"上。

（3）非限制隔离（nonexclusion time-out）：是最轻微的处分方式，未完全隔离或限制幼儿的活动范围，只是限制其活动参与，仍允许在一旁观察学习；剥夺增强刺激或不理会，以终止其不当行为。

3. 隔离的注意事项

（1）隔离虽是一种处罚手段，但执行过程还是要顾及幼儿的安全，例如：不可将隔离室反锁，也须注意灯光照明及通风设备，以防发生意外。

（2）教师应提醒幼儿被隔离的原因，"因为你打人，所以必须在这椅子上坐三分钟。"并观察他可以离开的时间，配合积极增强实施才更有效。

（3）隔离的场所应是一个枯燥无趣的地方，得不到正增强，才能达到效果。若隔离场所又成为当事人另一个好玩或闹事的环境，则必须立即离开。

（4）留置在隔离室的时间不宜太长，通常不超过十分钟。如果是初犯宜适可而止，否则会引起反效果，对隔离多久应有记录，以免不自觉地滥用。

三、自我引导策略

"自我引导"（self-instruction）策略是用来教导幼儿学习管理自己的行为，是认知行为改变技术中一种自我控制的方法（谷瑞勉，1995；黄正鹄，1991；Manning，1988；Meichenbaum，1977）。训练幼儿达成自我教导、维持或改变行为的目的；教导他们设定目标、计划策略，用自我修正的积极自语技巧来调整认知、建构行为及情感动机，以帮助他们有效回应学习环境中的挫折和压力。

幼儿玩游戏时，常会把游戏内容和感觉自言自语描述出来。这种自言自

143

语的形式和层次有许多种，有些没有太多的意义，有些却具有自我引导的性质，能对本身的行为形成改变或引导的力量（谷瑞勉译，1999b）。例如，一个尚未完成活动的幼儿对自己说"我要做好这个工作才出去玩"，这种自我对话逐渐能使个体产生自知（self-awareness）和自制（self-control）的能力，能改变先前推托散漫的行为。"自我引导"已成为行为治疗的有效方法，Meichenbaum（1977）曾以此法有效改变过动儿的行为，应用到一般幼儿行为的领域也有不错的成效。教师教导幼儿在活动时，出声描述行为的过程，一边活动一边说出，逐渐产生自我规范的功能。下面是一段在教室中观察到的幼儿下棋时，以自语自我引导的实例：

"好了，我该怎么走呢？我要好好过这一关，一定要小心想好再走。好了，这个棋往下走，就不会被你的这个棋吃掉，现在往右、再往下、再向左，到现在为止，你吃不了我。还是要小心，慢慢走不要上你的当，不对，我应该往下走的，差点被你的棋吃到，好险！我这样走还可以吃你的棋哦，看吧，哎呀不好！不小心被你吃了一个棋，但我会更小心慢慢走。好，我吃到你了，太棒了！你输了！我赢了！"

教导幼儿自我引导主要是以"行动之前先思考"为重心，练习步骤如下。

第一步，引导幼儿先察觉自己的思维中是否有不当或负面之处，要加以避免或理清，例如，是否总认为自己很笨或做不好事情。

第二步，教师示范正确的自我引导内容，包括以下内容。

• 说明目标行为的重要性："我要收拾好玩具，明天才能再玩。"

• 说明目标行为要做到的程度："我要把玩具收拾整齐。"

• 说明目标行为发生的适当性："玩完玩具后应该要收拾好。"

• 教导幼儿应用对抗焦虑的内容："收拾玩具虽然耽误一点时间，但我还是要收拾好再出去玩比较好。"

• 教导幼儿运用自我增强："我一定会收拾好这些玩具，看啊！我真的收拾得很好。"

第三步，教师示范自我引导的过程与步骤。

• 教师先出声示范上述的自我引导内容，让幼儿同样跟着复诵，并配合所要表现的行为（"我要收拾好玩具才出去玩"）。

• 小声示范，让幼儿跟着由大声变小声复诵一遍，并配合所要表现的行为。

• 示范默念，幼儿跟着默念。

• 示范不发出声音说话，是思考语言、内在的叙述，引导幼儿练习。

第四步，完成工作时自我奖励：当幼儿以自我引导来改变行为，最终达成目标行为时，可以自我鼓励或奖励一番。

幼儿虽在他律期，但也是可以培养自动自发学习的时机（谷瑞勉，1995）。平日不妨尝试练习，加强使用的动机，借自我引导逐渐养成自我控制的好习惯、维持行为改进的长期效果，并类化到其他目标行为的纠正改善上。

四、运用心智工具

学习是脑中同时有很多思想串联起来的智能运作过程，自省是思想之间的会谈，"心智工具"（tools of the mind）是用来开发这种自我意识，以"符号"传达（mediate）自己的思想、行为与学习，凭意志避免分心和控制冲动，终致达成自主学习、自我规范的目标。运用心智工具学习的教学取向（谷瑞勉，2012；蔡宜纯译，2009；Bodrova & Leong，2007），在帮助幼儿拥有学习所需要的心智工具，用以支持和支援学习。其做法是鼓励幼儿正向的自言自语，如一面"念"出写字的顺序："画一个长方格，中间再画一条直线"，一面依此"写"出"中"这个字；或说出自己应该表现的适当行为："我要安静坐好"，再配合实际行动逐渐内化。教师要开发幼儿的自觉，训练幼儿专心注意背景提示并控制冲动，例如，听到"收拾干净歌"时就去做；进行"友伴阅读"时拿到"耳朵"而非"嘴巴"的牌子时，就要"听"而不能抢着"说"，静听友伴念完一段书。

动机感受来自多巴胺释放，大脑若具备动机，运作就比较好，信号传递迅速学得比较多。幼儿每天在众多纷扰中学习，其自我使力的控制功能（effortful control）、冲动度（impulsivity）、自律（self-regulation）都很重要。在每天的课程活动中协助幼儿写出"扮演计划"以进行持久的游戏，教室区域也布置成不同场景，让幼儿整节投入所选定扮演的角色，全神贯注演出；游戏因而变复杂，幼儿之间有更多互动，更能维持兴趣沉浸于活动与学习中（潘勋译，2010）。

游戏扮演是抽象思考的训练，幼儿在游戏中所学到的，对将来学科表现非常重要；其中有很多互动的组成元素，幼儿大脑会将抽象符号与其他经验结合，在游戏中学到基本的发展建构，这比传统教学更事半功倍。写活动计划是行动力的锻炼，让幼儿自选活动也具意义，过程中教师会指出幼儿的错误，让他找问题，练习自己判断，而非只依教师指令动作而已。另外，像为幼儿读故事后请他回忆所听到的，加上创意再重述出来，这类"心智工具"不只教幼儿自我控制，也教自我组织；学会运用"心智工具"的幼儿较不会随别

145

人的不当行为而起舞。

有人认为幼儿处于他律阶段，尚无法学习自我控制，但观察其平时活动，已常表现下列行为，发展出自我调节能力（Bronson，2000；Ogan，2008），可见应可引导他们运用心智工具。

- 能控制自己情绪，遵守规则，避免做出不被接受的行为。
- 参与扮演游戏时，会遵守情境规则，与同伴互助合作。
- 能选择适合自己能力与兴趣的活动。
- 能掌握关注的焦点，减少分心。
- 会用口语规范自己的行为。

因此教师可透过环境安排、活动设计来增强幼儿运用心智工具的能力，例如以下几点。

第一，运用语言：结合思考与语言，帮助幼儿记得规范，控制自己的行为，并借自语来引导行为（谷瑞勉译，1999b；潘铮津，2004），或放声思考说出自己的行动，借以自我约束。

第二，提高幼儿注意力：鼓励幼儿多注意身边现象和事物的改变，提醒对活动的注意力（Seibel，2006）。

第三，提供可预测的生活作息和明确的行为准则：预先告知提醒，让幼儿清楚事情的顺序，知道接下来会发生的事而能有所准备，表现适当行为（Bronson，2000；Enid & Janet，2011；Seibel，2006）。

第四，提供多元有趣的活动：让幼儿选择，有较多弹性和变通，从受外在控制转为内在掌握，有自我调整的空间。教师也可协助分解活动步骤，规划执行顺序，让幼儿依自身进度去完成活动（潘铮津，2004）。

第五，鼓励负责任的行为：让幼儿分担责任，协助他们完成工作。

教师还可运用其他"中介物"，像一段音乐、学习区计划单、专心图卡、说故事登记表，或分享活动和动作游戏等"心智工具"，来帮助幼儿自我引导学习与行为（王思涵，2013）。这些都是平时即看得到、用得到、做得到，也易遵循的提醒工具，可在班级管理中，用以引导幼儿的行为思考、提升觉知力。

五、肯定纪律训练

教师要能恰当维系和掌握秩序，不放任幼儿的不当行为，才能让大家享有不受干扰的学习空间（Canter，1976），但当教师用尽方法仍不能改善幼儿的行为问题时，可能会施行较严格的策略。要求幼儿表现适当的行为，再与幼儿清楚沟通，表达期望时声音要坚定、保持眼光接触，并以手势加强语气，果断执行常规，必要时从学校行政人员和家长那里获得协助。还可用下列方式辅导幼儿。

- 提示：经常耳提面命，如提醒幼儿"做活动时要轻声"。
- 要求：明示幼儿该做什么事，如"现在请回位子坐好"。
- 口头设限：包括用声音、眼神、手势、叫名字和身体接触等方式设立规定。声音坚定，不刺耳也不软弱。
- 强调口语意义：用面部表情、肢体动作来强调，如把手放在幼儿肩上传达信息，代表希望安静。
- 使用"破唱片法"：对幼儿不当行为坚持要求改进，一再重复强调基本原则，绝不通融。

老师：阿宏，在教室里是不准打架的，我不能宽容这件事，记住，不可以。

阿宏：这不是我的错，是阿强开始的，他先推我。

老师：有可能，只是我没看到，问题是你们不该在教室打架。

阿宏：是阿强先开始的。

老师：我会留意，但你就是不可以在教室里打架。

教师不让"不准打架"的规定被转移到枝节问题上，而重复说"你们不可以在教室打架"以示坚持的原则。但这种做法也仅在幼儿不听话、持续不当反应，或拒绝对自己的行为负责时才使用，且最多三次就要采取其他行动。

设定正式契约能帮助幼儿发展自我管理和规范的能力。首先和幼儿讨论问题，找出可接受的做法，像是：要排队、不用手碰人、小声讲话等，然后定一个契约。教师和幼儿各自检视契约完成情形，再彼此对照结果，如果评估有差别就多练习，如此幼儿渐能正确地自我评估，逐步完成自我修正。幼儿若无法将一个较大的工作（或方案）分几个步骤来完成，可能会有压力和挫折，教师可教他们定工作契约自我管理，找时间逐步完成工作；还要教忍耐及保留，持续努力达成目标后再自我奖励。教师也可借减少工作范围、每次只解决一个问题，或提供同伴及小老师的支持等方式来协助幼儿达成目标，若有家长一同参与，效果更佳。

果断纪律训练有很少其他模式与方法，像是认为行为是选择和逻辑的结果、注重正向增强和强调对事不对人等。这套方法关心幼儿为自己行为设限，并坚持从行政人员与家长得到教学的支援，能帮助老师有效实施对幼儿行为"纠正性"（能实际改变幼儿的不当行为）的处理，也兼具"预防性"（幼儿知道行为的因果，不轻易尝试犯错）和"支持性"（在提醒时即努力维护行为使不致脱轨）的功能。

虽然这种策略的实施很有效，但还是有教师认为这样做太过严峻了，幼儿没有机会学习为自己的行为负责，一味强调赏罚也抹杀了行为内在动机和自动自发的作用，这与过去对行为改变技术的批评差不多（Hill，1990）。值得思考的是，对不当行为的恰当辅导并不会伤害幼儿的自尊，反而是教师多虑或不知如何处理，未及时采取行动，等到不得不面对时，已经情况恶化了。适当的常规训练和坚定的行为辅导，将可使教与学得到发挥和扩展，策略运用仍在教师拿捏之中。

第五节 幼儿行为问题的类型与辅导原则

一、辅导行为问题的原则

第一，一致性：对幼儿行为问题的处理要有一致性，这样不但凸显事件因果的可预测性，也宣示重要教室规则必须遵循的坚持。

第二，避免对不当行为过多注意：随时注意并经常对犯错幼儿长篇大论的说教或纠正，不但不能减少不当行为，反而还会助长。教师对正向行为的鼓励，会比只注意不当行为更能起作用。

第三，轻罚应切中要点：无论是罚站或隔离，都以有限时间为宜（Zirpoli，1995），太久可能又起事端。对幼儿犯错时的处理不涉及旧账，罚过就给他全新的机会。

第四，避免无效的回应：对幼儿行为发怒生气，不但无效，而且还提供不当的身教，甚至伤害幼儿感情和自尊。如果教师面临失控，最好在幼儿安全无虞的情况下离开现场一下，或深呼吸调整心情，冷静后再回来处理。

第五，以其他方式代替体罚：体罚会造成幼儿生理上的不舒服和痛苦，也违背教学伦理和法律规定，不但没有长期效果，且给幼儿不良示范（Bandura，1969；Kazdin，1989），经常使用惩罚也会降低自制能力，应用其他更合适的方法取代。

第六，慎用药物治疗：近年有越来越多幼儿以接受药物治疗来控制其不当行为，但研究也证实，幼儿使用过多药物不但不能治愈，反而会造成伤害或产生副作用。虽然有时使用药物有较快的功效，却不能改变造成其问题的因果。教师应仔细了解幼儿的问题，提供专业的协助与解决。

二、班级中常见的幼儿行为问题与辅导

以下是在幼儿园班级里常见的问题(梁培勇译,1985)。

第一,不成熟行为:如好动、冲动、易分心、过度依赖、做白日梦等。缺乏安全感的行为:如害怕、自卑、害羞、完美主义等。

第二,不良习惯:如吸手指、睡眠困扰、口吃、饮食问题等。与伙伴有关的问题:如攻击性、孤立、残酷行为等。反社会行为:如不服从、偷窃、说谎、说脏话、玩火、破坏等。

第三,其他问题:如偏差行为、学习习惯不良、性别角色偏差等。

对于上述行为问题,教师可参考前述的处理原则与策略,融会运用不同方式,寻求合适的解决。下面举数例扼要说明。

(一)侵略性

有时幼儿的侵略性是从周围生活中习得,教师应尽量去除其来源,例如,提供充分的学习材料和活动空间,以避免因拥挤和资源不足而引发侵略行为。活动时多鼓励幼儿与他人合作、减少竞争,教导尊重别人及和别人协商。侵略性(如打人)是不被接受的社会行为,可与幼儿讨论这类行为的不当和影响,教导如何控制愤怒情绪,找寻适当的发泄管道或替代方法。

(二)担忧

幼儿因缺乏安全感,或父母、教师的期望过高,会有担忧焦虑的情形产生,造成学习和行为上的压力。教师可帮幼儿了解生活中各种现象的关系、为他解释疑惑、协助他用自己的能力去解决问题。培养幼儿做事的信心,面对困难时抱有积极态度,培养安全感和提供成功的经验。在日常生活中教幼儿一些放松的方法,例如,肌肉松弛和深呼吸(陈荣华,1993)、运用正向的自我叮咛、表达意见及发泄紧张的方法等,都可化解紧张和焦虑。

(三)不肯服从

幼儿为表现独立自主,有时会有不服从的行为表现。首先要对幼儿的心智、情感及心理体力的表现有所了解,放弃对他不合理或没必要的要求与期望,跟幼儿建立良好的互动关系。指示要清楚明白,在有需要时提供协助和鼓励,完成时不忘赞赏他的努力。如果不肯做应做的事,可让他接受逻辑的行为后果,或加以隔离,促使他完成应做的工作。

(四)乱发脾气

当幼儿无理发脾气时可以忽略,让他知道这样解决不了问题;但大发脾

气则难以忽略，也会影响别人，此时可将幼儿带至他处，等他情绪冷静下来，再和他讨论此举无用，而要寻找有效的沟通解决。教师应坚持一致性，不因情境而变，也要为幼儿设定合理可遵守的规定、考虑幼儿生理与情绪的需求与极限，例如，累了要休息、饿了要吃等，以免因负荷不了而爆发脾气。

（五）过动与注意力不足

大部分幼儿的好动是因好奇和精力旺盛而起，是正常表现。真正的过动（hyperactivity）和注意力不足（ADHD）是无法控制自己的行为、有很高的活动水准和不当行为的比例，又有冲动和不可预测的行为表现（Goodman & Poillion, 1992）。药物治疗对某些案例可能有效，却不能解决那些影响幼儿的情境因素，将药物治疗配合一个有清楚规则可循的环境和适合的行为辅导，才能有效解决。

（六）特殊需要幼儿的学习问题

合流教育让幼儿园班级多少存在着特殊需求的幼儿，这对班级管理会有影响，教师要兼顾一般和特殊需要的幼儿，需要更多的精力和特教的专业训练。教师需了解早期疗育的理论与做法（柯平顺，1997）、为特殊幼儿做环境课程的配合与行为辅导，也需要特教专业人员的协助。

★案例 9-1　拿别人东西的孩子（罗老师）

"老师，阿佑拿了我的小汽车！"阿佑叫着说。当我走过去问阿豪时，他把手往口袋里面伸了进去并说："没有。"我哄劝地说："阿豪，让我看看你的口袋里有什么东西！"当我把手伸进阿豪的口袋时，他开始抗拒着，并哭了起来，从口袋里我取出一部宝蓝色的玩具小汽车。阿佑叫着："那是我的车子！"阿豪则哭叫着："不是！不是！那是我的！"当阿豪仍伤心地坚持那辆车是他的时，我把车子还给阿佑，同时，劝告阿豪别拿别人的东西。几乎每天都会发生类似的事件，阿豪拿了其他小朋友的玩具并想占为己有。除此之外，近来教室里的小东西常神秘失踪，即使从阿豪的书包或口袋找出证据，他也矢口否认。

经过几天的观察，我发现阿豪确实会拿别人的东西，在拿之前会观望一阵子，拿了以后马上放到书包或口袋。我有了一些基本的了解之后，想了一些方法，并请全园的老师配合，帮忙阿豪改掉坏习惯。

1. 在班上告诉幼儿学习尊重别人所有物的概念，当阿豪适当的使用教室里的器材，或没有拿同学的东西时，即给予鼓励。有一次他在教室区域玩，并把玩具归回原位，我就告诉他："我很高兴你把所有的东西都放进盒子里，如果每个人都像你这样，我们的东西就不会找不到了！"

2. 防止偷窃但不羞辱他：以游戏的方式进行搜寻活动，而不以调查的方式进行，把不良的反应减到最低，以平常心进行这项工作，绝不羞辱或告发他的偷窃，只要指出东西是别人的，必须把它放回或归还主人即可。

3. 每天一早会注意孩子们是否带了特别的东西来学校，假如有，就加以记录，如此可在放学时，复查东西是否存在。

4. 记录阿豪拿人东西的行为是否有改善，暗中清点他的东西，看看有无发生偷窃行为。

5. 改变环境以防止偷窃：检查教室里东西的放置设施，要拿走排列整齐的东西是不容易的，但要拿走随处散置的东西则非常容易。经由仔细的布置和存放，我对教室器材也更能察觉清楚。

6. 考虑是否允许孩子带东西来学校，制定具体的规则及限定何时、如何、在何种情况下，个人的东西才可以拿来分享，以防止幼儿拿别人的东西。

经过一段时间的沟通与努力，阿豪已渐渐减少拿人东西的行为，我也渐渐减少搜寻次数。现在我仍然持续鼓励阿豪谨慎处理自己的物品，以及维持不拿人东西的习惯，希望他能彻底改掉这个不当的行为。

★案例 9-2　极端害羞的孩子(张老师)

有一年我与同事共同教中班，班上共二十八位幼儿，我想两位老师带二十八位幼儿真是太轻松了，加上与同事个性接近，应可更愉快地带领这班。开学第一天，孩子陆续来园，突然看见窗外一位幼儿紧抱着一位老先生，像无尾熊似的，见同事招架不住，我便也至门外帮忙迎接这个孩子。我们边哄边拉地想要将孩子带进教室，花了一会儿时间，孩子却越哭越大声、抱得越紧，于是请爷爷带他进来安排一个位子坐。

待他情绪稳定后，请爷爷到教室外。我们进行自我介绍的活动，轮到他时，他害羞的用手蒙着脸，将身体扭成一团。我们不勉强他，待他说出名字与其他幼儿认识后，见他不时望着窗外，根本没有心情与其他幼儿认识。

第二天上学，仍是花了一会儿工夫才请阿哲进教室，爷爷仍在外等候，祖孙情深，我们看在眼中。阿哲很少与其他孩子交谈，常害羞用手遮着脸，说话也口齿不清晰，自理能力较一般孩子差，班上孩子也不是很喜欢与他来往或交谈。害羞的阿哲常跟着我们走来走去，开学一个星期后，我们才见着了阿哲的妈妈，与她长谈一番。她说阿哲是长孙，爷爷奶奶疼爱有加，偶尔也有抢着爱孩子的情况，让阿哲少与妈妈相处。妈妈说阿哲只是比较害羞，学习能力还不差，希望来上学后能改善他的内向害羞。

终于，爷爷不用常站在教室外陪阿哲了，阿哲也较能进入学习状况，但他的人际关系仍不好，其他幼儿常告他的状："不喜欢排队、不喜欢轮流、不喜欢分享……"自我中心比一般同龄孩子严重。我们试着与妈妈沟通，妈妈也很想配合，但爷爷常将阿哲带走。我想，一会儿是妈妈较严的教育，一会儿又是爷爷奶奶的疼爱，才让阿哲无所适从。我与同事体会妈妈的心意，希望在学校多让阿哲学习自理的能力，于是我们开始采取增强的策略，请他帮忙做事、当小老师，并在其他孩子面前表扬他的行为。经过一段时间，阿哲不再用手蒙着脸，敢在孩子面前用他那口齿不清的言语自我介绍，而且也会处理一些自己的事了。

我们很高兴阿哲的进步，虽然不能改变爷爷的过度疼爱，但至少他长大许多，有了新朋友，且做事有自信。我想孩子的天性气质各异，但环境的影响则占了重要的角色；父母的教养，加上老师的爱心、耐心，才能一同带领孩子成长学习。

★案例 9-3　不受欢迎的孩子(叶老师)

阿宝六岁，父亲是油漆工，母亲上班的时间日夜颠倒，家中还有弟妹各一，日常生活由祖父母照顾，听说其父亲工作不固定且嗜赌，拖垮一家的生活。阿宝心地善良，有侠士的正义气概，会扶助弱小，在家祖父母管不住他，常骑着脚踏车四处游荡。因为家庭背景及穿着邋遢，且鼻上挂有鼻涕，所以常遭小朋友的排斥。虽有热心肠，喜欢帮助同学，可是同学并不领情，以致常气到动手打人，或做出其他不当行为，惹得班上抱怨连连，造成不少班级管理的困扰。关于这个孩子，我的辅导经验如下。

大班的小朋友在毕业前，已学好自己的名字写法，有一天为加强名字书写，我设计了一个名为"大明星签名"活动。活动内容请小朋友自制一张心爱卡片，再拿卡片请大明星(班上同学)签名，卡片上必须至少有十位不同的名字；也就是除了自己签名外，还需要有九个同学的名字，而这些名字是不可重复的。活动开始后，每个人都忙着拜访"大明星"相互签名，但阿宝一人却像游魂，东逛西走，总是碰壁没人理会，一脸可怜样。最后跑来告诉我说："老师，都没有人要帮我签名，也没人请我签名。"怎么帮助他呢？我灵机一动，也自制一张卡片，并拿着对阿宝说："哇！阿宝大明星欢迎光临，你热心助人，是我的偶像，拜托你帮我签名好不好？"此时已有多位小朋友围着我和阿宝，看他为我签名，也开始纷纷请他签名，他终于开心了。

对阿宝这类型的小朋友，如何帮助他们快乐学习，促进其人际关系及同伴相处，还需要用其他方法协助他，例如：

(1)用爱心与耐心包容他、关爱他，多和他交谈。

(2)在他发出求救信息时，尽量帮助他，与他共同解决。

(3)在同伴面前尽量点出他的优点，如阿宝有颗善良的心。

(4)当他不在场时，向小朋友稍微透露他的困难，让小朋友了解，也鼓励小朋友发挥爱心。

(5)多让阿宝有表现的机会，如当老师的小帮手，重要场合也不忘突显他的重要性。

★案例9-4　赖床的孩子(钟老师)

阿立是我班上的学生，每天下午起床钟声响后，小朋友们都会主动地起床、叠被子，此时就会有小朋友来报告："老师，阿立还在赖床。"刚开始我想他可能很累，于是就到他的耳边说："阿立起床了！"这时他才张开眼睛，伸个懒腰起床了。后来的几天他都是赖床，我也都每次去叫醒他："准备要吃点心，起床了！"

后来我发现他的起床速度越来越慢，此时我告诉自己不能再让他赖床了，不然将成为习惯。从那时起我就想，要用什么方法来改正他，首先我以"削弱"的方式来处理，结果他就一直赖到我去叫他为止(那时已接近放学时间，他多赖了三十分钟)。"削弱"的效果不好，只好再以"正增强"的方式试试看。试用"正增强"的第一次他仍赖床，当我把他叫起来，等他把棉被折叠收好，我马上给他一个拥抱，并且告诉他说："阿立今天起床的速度好像比昨天快了，很棒，老师希望你明天午休结束后起床的速度能比今天快。"阿立说："好！我一定比今天更快起床。"但是隔天他仍赖床，我依例叫醒他，当他整理好棉被，我又拥抱他，他满脸兴奋的表情走回位子坐下。如此进行了好几天，阿立赖床的时间越来越短，起床速度越来越快。下午课前我跟全班小朋友说："小朋友你们有没有发现，阿立现在都没有赖床了？"接着我又说："阿立现在越来越棒，其他每天都没有赖床的小朋友也很棒。"

对于此个案我是先采用"削弱原理"，但实施效果不彰，我又改换成"正增强"，用社会性增强的拥抱，有时还有初级增强物（糖果）来搭配，效果就越来越好。我在实施此方法时，也与阿立的母亲联络，请她在家也不许孩子赖床，我们实施了十天左右，阿立赖床习惯就慢慢减少，到现在只要起床钟响或在家被妈妈叫醒，他都能很快的起床了。

★案例9-5　倒地撞头的孩子（徐老师）

托儿所的幼幼班孩子，年龄在一岁半至三岁之间，面对那么小的孩子，有时候对他们说理似乎不太管用，好像他们也听不太懂，于是遇到一些问题行为必须加以改正时，行动反而比说理来得重要。

当时班上有一位两岁多的孩子，本来都是由保姆带，保姆除了喂他喝牛奶、哄他睡觉外，似乎很少和他玩，所以他不会说话。他有一个不良习惯，就是当他要东西或不高兴时，他就会倒在地上，用头去撞地板。刚开始时老师们都吓坏了，生怕他会把头撞破，都顺着他，也告诉他不可以这样，但他却变本加厉，动不动就往地上躺。我们想，这样下去不是办法，应帮他改过来。于是我们开始注意他行为的动机，发现并不只是他想要某件东西或小朋友欺负他，而是当老师在照顾其他小朋友时，他看到了也会往地上躺、撞头，这样老师就会立刻转身注意他。于是我们又告诉他不能用这种方式伤害自己，也开始采用忽略、削弱的方法；每当他开始撞头时，就狠下心不管他，或离开现场只暗中观察他，让他没有可以引起注意的对象。果然当他发现没人在注意他时，就会自己马上从地上爬起来，不闹了。采用了这种方法不久后，他就戒掉了这个坏习惯，以后很少再犯了。

★案例9-6　打人的孩子（赵老师）

去年，大班来了一位小朋友阿彦，他是一位非常活泼好动的小男孩，长得胖胖壮壮的，力气很大，甚至背得动另一位小朋友。刚开学时一切都很好，可是后来就走样了，开始有人来报告："老师，阿彦打我的眼睛。""老师，阿彦打我的肚子。"一个、两个、三个，越来越多的小朋友来报告，最后家长也出面抗议了。他们很生气地要求老师要好好处罚一下这个"打人狂"。安抚过家长的情绪之后，我也很生气地告诉阿彦："只要你一天打人超过三次，就别想吃点心。"而这孩子据了解是非常爱吃的，在家是零嘴从不离手，这下他可难过了，只见他人照打又吃不到点心，每当点心时间都看着别人，自己咽口水。看他一副可怜样，我实在很不忍心，但是为了坚持原则我只好硬下心来等待，直到第三天他居然没有被投诉，当他吃到点心时笑得非常开心。但好景不长，他故态复萌又开始打人，"不给点心"这招断断续续，他也时好时坏，最后因他妈妈的反对，我也觉得不宜常用，故而不了了之。

后来有一次学校办运动会，预演完后的彩球都堆放一地，这时看到阿彦用一个大塑胶袋在捡彩球，捡完后又把大塑胶袋扛到柜子里放好。我当着小朋友的面大大夸赞他，傍晚妈妈来接时，我又当着大家的面把阿彦的好行为告诉妈妈，阿彦母子都高兴得合不拢嘴。从此以后只要排演完毕，他一定抢先去收拾彩球，不断得到老师的赞美和小朋友的感谢。后来他打人的行为次数明显降低了许多，甚至难得再发现他打人了。

事后回想，我那一招"不给吃点心"实在很不人道，并不是一位教育者该用的方法。或许那时我还没发现这个小孩在乎的是老师的肯定和小朋友的接纳。如今他从好的行为中获得了这两样，就不再打人了。在班级中，总有几个爱搞蛋的孩子，无非是想借特殊行为来突显自己，引起大家的注意，如果老师忽视他的不当行为而赞美他的好行为，不当行为就会逐渐被好行为所取代，就不再是班上令人头痛的人物。

★案例 9-7　过度好动的孩子(王老师)

威威是一位极为好动的孩子，注意力不集中，喜欢动手打人，被大家认为是过动儿。但他妈妈对他的无礼及不守规矩却视为理所当然，也相当容忍，常见威威对妈妈发脾气，甚至拳打脚踢。我心痛孩子的发展，同时也思考未来的对策。

起初，威威打人时，我会告诉威妈实情，请家长多注意约束自己孩子的行为，并配合老师一起努力，以改善孩子的状况。但每次我所得到的回应却是威妈掉头就走，一副不以为然的表情，没有道歉，也没有解释，这令我有些失望和不解。

偶然听说威威是因为过动而被其他私立幼儿园排拒在校门外的，我想威妈也许是因为这样，便对老师产生了敌意和距离。根据以往的经验，我用最大的耐心和爱心对待威威，先拉近师生的距离，除了表现好时的鼓励赞美外，也时常搂抱他，让他感受到老师给他的爱。我告诉他，如果一整天不打人，老师给你盖一个章；上课守规矩，不吵闹，给一张贴纸贴在胸前。每当威威得到奖励时，他会得意地拿给妈妈看。我更要班上其他小朋友带他玩，学习团体里的游戏规则，希望用同伴的力量来影响他。虽然班上的孩子几乎每天都会被威威打，不少家长也直接向他抗议，我仍继续主动和威妈沟通，称赞威威的创造力，以及其他良好的表现，吸引了妈妈的注意以后，再慢慢进入正题。至此，威妈对我的态度开始转变，不再不理不睬，她接受我的意见，开始正视儿子的问题。

半年过去了，威威的行为有了进步，打人的次数减少了，大部分上课时间也能坐得住，虽然仍不免聒噪。当寒假过去，新学期开始时，威妈开心地和我打招呼，谈儿子寒假的生活。我抱起威威，鼓励他继续加油。威威是九月二日出生的，家长想要让他提早入学，和同班孩子一起升上一年级。我力劝威妈不要急，孩子的发展还不够成熟，再多读一年大班，对孩子比较好，不然，他的学习会很吃力。几经沟通后，威妈接受了我的建议，让威威在本班多留一年。

当新学期开始时，威妈也挽起了衣袖，和其他义工妈妈一起为班上整理环境。威妈对她们说很感激王老师不放弃威威，家里都很高兴威威的转变，教会里的教友也称赞威威的进步，有好多朋友要把孩子送来这里上学。我也很高兴自己的辛苦没有白费。

直到现在，威威已经上一年级，威妈仍经常来和我聊天，帮我清理环境，也会参与我的教学活动。这是我到这所学校以来最大的成就和收获。

★案例9-8 扰人午睡的孩子（陈老师）

阿成午睡时间常不睡觉，经常趁小朋友和老师躺下稍歇时爬起来扭腰、从小朋友身上跨过去、来回踱步、捉弄身边睡觉的小朋友，或发出怪声招致其他小朋友频频告状。我请他回来躺下睡觉，一不注意又故态复萌，只好告诉他："你不睡觉没关系，但要静静地躺在床上，如果干扰到其他小朋友，要请你到旁边区域休息。"

过一段时间，阿成还是如此，由于提醒过数次，他仍我行我素，唯有请他到区域去站着休息。在区域休息处，他仍无法静下来，不是去推身后的门让它嘎嘎作响，就是跪到小朋友睡觉处推人枕头、抓人头发等，我只好起身请阿成坐在我身旁，师生二人就面对面互视着，连续数天均如此。经询问家长获悉阿成在家从不午睡，而且上学期在他园就读时，就已是老师的困扰。我于是与小朋友共同讨论午休问题，先声明中午睡不着没关系，但小朋友要静静地躺在床上，不可以吵到别人睡觉；并告知午睡的好处，以及不干扰别人睡觉也是一种尊重他人的礼貌行为。我提出要如何共同遵守午睡规则的问题，有些小朋友说没午睡的人睡醒后不要给他吃点心；有的说没睡的将他关在寝室，不让他回家；有的说没睡的不要让他玩游戏器材等，小朋友发表了许多处理的方法。最后我说："如果躺在床上没睡着，但没有吵到别人；或有睡觉的，睡醒后就让他玩游戏器材，并且送奖品（包括贴纸等），好不好？"小朋友均异口同声说好。我再问，如果不睡觉吵别人的呢？小朋友几乎均说不要玩游戏器材也不要送奖品给他，我又问，同意这么办的举手，结果小朋友几乎都赞成。隔日午睡前又向小朋友们说明大家约定的午休规则，但阿成仍是小动作频频。午睡完，我即依规则让小朋友玩游戏器材和奖励，阿成则请他在旁边休息。我问阿成为什么他不能玩，他自知不对，经过数日后，终于逐渐能守规矩地躺在床上，虽然两只眼睛睁得大大的，但已不再作弄、干扰他人。我即遵守承诺，阿成虽然没睡着，只要不吵别人，即可参与游戏及奖励他，到目前虽然阿成从未睡着过，偶尔也稍有犯规，但与以往相较，已进步许多。

★案例 9-9 抢人玩具的孩子（朱老师）

在幼儿园的班级中，幼儿抢玩具、打架似乎是稀松平常的事。每天一开始，就会陆续听到幼儿来告状："老师他打我！""老师他拿我的玩具！"或者："老师他拿好多都不给我！"诸如此类的事每天上演，我必须立刻做决定、提供协助及处理困难，而且几乎没有太多时间思考。

我教的是一个混龄的班级，早餐时间吃完的小朋友可以去玩玩具。玩具的种类有三至四种，有一种组合的拼图积木小朋友特别喜欢，但每样都有固定的片数，例如：圆形的有十五片、三角形的有十五片。一天早上，扬扬（中班)最早到幼儿园，吃完早餐就到玩具区去玩，他非常喜欢玩组合的拼装积木，所以一个人就拿了很多的圆形拼组起来。丞丞（中班）较晚来，吃完饭就急忙去拿玩具，可是他喜欢的玩具只剩下正方形、三角形，他看到扬扬手上有这么多的圆形就说："你拿那么多，给我两个。"扬扬不理会他继续玩自己的，丞丞很生气，就从扬扬手中把他的玩具抢下来、拆掉，扬扬推丞丞说："你干什么？那是我的，还给我！"边说边哭，丞丞被这么一推跌到地板上也哭了起来。当时我并没有说什么（因为早餐时间小朋友陆续来到，我得准备早餐给到园的小朋友吃），只请他们两个离开玩具区坐在旁边。后来比较有空的时候我把两个小朋友叫到身旁，问他们怎么了？由于他们离抢玩具、打架有段时间，比较不哭了，就互相说对方的不对。我问扬扬："你很喜欢圆形所以你拿了很多，可是，别的小朋友如果也想要圆形怎么办？"扬扬说："那他要早一点来呀！"我告诉扬扬："你喜欢圆形我知道，可是别人也喜欢圆形，如果都被你拿走了，别的小朋友就不能玩了，如果你不能玩好不好呢？"扬扬说："不好。"我再问："打人好不好？"扬扬说："可是，他抢我的玩具。"我说："如果你抢别人的玩具，人家也推你好不好？"扬扬没说话。我说："老师知道你不是故意的，因为打人是不对的，所以你应该怎么办？"扬扬就对丞丞说："对不起。"我又对丞丞说："如果你想要圆形，应该告诉扬扬请他给你，不应该用抢的。"丞丞说："我告诉他，可是他还是不给我。"我问丞丞："如果小朋友拿你的玩具，但是没有告诉你，那你会不会生气呢？"丞丞说："会。"我再问丞丞："那你拿扬扬的玩具，他会不会生气呢？"丞丞说："会。"我说："那怎么办呢？"丞丞说："要跟他说对不起。"我对扬扬、丞丞说："你们都是好孩子。"

在团体讨论的时间，我就针对早上发生的事件提出问题，问全班幼儿怎么办？幼儿你一句、我一句的，每个人都有自己的想法。最后我们共同讨论做出下列几点决定。

1. 每个小朋友只能拿两片圆形（因为大家都喜欢这种形状）。

2. 晚到的小朋友如果已经没有圆形了，就要玩别的玩具。

3. 不可以打人、推人、抢别人的玩具，不然就不可以再玩。

制定规则后，我将这些规则写下来贴在玩具区。虽然事后仍旧有一些争吵，但是经过一段时间后就减少了，我想这是因为规则是小朋友自己制定的，所以他们较能遵守的关系。幼儿的思考具自我中心特质，无法理解别人的立场，且坚持要得到自己想的东西。教师要能和幼儿讨论规范，让幼儿了解为何要遵守，而不是只用赏罚来处理对错，那对幼儿的自主性发展并无助益，只会助长他律性。

1. 你如何将自然与逻辑的行为后果运用到幼儿的行为问题处理上？结果和行为的因果关系如何联结？"因果"与"威胁"的区别何在？

2. 试观察老师"处罚"幼儿的方式与情形，看幼儿长、短期的行为结果与反应如何？有哪些影响？

3. 观察一位幼儿老师如何介入辅导幼儿行为问题。其事件为何？介入的方式与过程是否恰当？为什么？

4. 观察老师对幼儿不当行为问题如何处理？会使用行为改变技术或肯定纪律训练吗？在"处理行为问题"和"培养良好行为"之间，所用策略是否不同？

5. 假如班上有一名自闭症幼儿，你对特教有所了解，也很关心他的发展成长，当你忙于带领全班幼儿之际，将如何管理好整个班级，还能兼顾这名幼儿？

第十章　反思性教师与幼儿园班级管理

　　教室里的问题与整体社会和个人的各种因素交互影响，形成教室现场复杂的情境，左右着师生的行动(Berlak & Berlak，1981)。教师每天忙于其中，面对各种情境和问题，却没有正确的做法或一定的依据，而要靠个人的专业判断；教师想做出恰当的判断和行动，就须具备反思能力。

第一节　班级管理的两难与反思性教学

　　从下列对班级管理的两难考虑的例子中，可看出教师经常面对的冲突与挣扎有(Pollard & Tann，1993)。

- 以个人化组织幼儿 VS. 将幼儿组成班级的活动单位
- 幼儿自主使用时间和工作 VS. 教师决定时间运用和工作
- 激发幼儿学习动机，依幼儿兴趣发展和统整课程 VS. 提供奖赏刺激，来引发学习动机，有系统的分科教学
- 重视个人的表达和创意 VS. 教导幼儿学习社会期望的课程
- 建立幼儿的独立和自信 VS. 教导认知合作和社会技巧
- 注意力和资源公平分配给每位幼儿 VS. 特别关怀有特殊需要的幼儿

- 教学保持弹性以回应特殊情况 VS. 行为与活动遵守一定的规则
- 以专业来关爱幼儿 VS. 将教师个人需要列入工作考虑

以上种种两难问题，几乎每天都在幼儿园班级中上演，教师面对这些，经常必须在很短的时间内立刻做出最恰当的决定，且往往没有前例可循，只有靠反思性的教学来审视问题做出判断。没有反思习惯的教师，只是依惯例、随俗的反应来决定与行动，未必对幼儿有利。下面将说明反思性教学对幼儿教师的重要性及其特质。

第二节　反思性教学的特质

"反思性思考"（reflective thinking）的观念来自杜威（1933），他将其定义为"对任何理念或知识形成的背景给予积极、坚持和小心的考虑"。"积极"是指老师愿意极力去寻找教室中产生问题的信息和解决的方法；"坚持"是指对困难议题深入思考的承诺，即使是令人不快或疲倦的事；"小心"是指教师非常在意促进自己的教室表现，为班上幼儿谋求最大利益。"理念或知识形成"则表示，反思性教师对所有的教育理论与实践都保持健康的怀疑，对各种可能的尝试都带着开放和批判的心胸，认清其价值并加以调适以符合班级的需要，且不时修正其决定和判断。

"反思"可以简单地指有目的的思考，也可以是较高层次的、深思熟虑的思考某事，并运用从中获得的知识去改进实践。杜威认为，反思是"在探究方法上态度和技巧的融合"，强调将思考想法转换成反思性行动时，教师应该保持开放、负责和全心投入（whole-heartedness）的态度。这是反思行动的先决条件，也是反思的过程；其中也涵盖对教室事件的道德、伦理及政治原则的考量。扼要言之，就是强调教师对教学事件应有更周全、分析性和客观的考虑，养成对教学思考的良好习惯，成为更有智慧的教师（Cruickshank，1984）。

Pollard 与 Tann（1993）将反思性教学的四个特点分析于下。

第一，反思性教学是有目标和结果的积极考虑，且具有执行的方法和效率。

第二，反思性教学兼具探究和实行的能力，具有开放、负责和全心投入的态度。

第三，反思性教学是在一个轮回或螺旋的过程中持续修正、评估和改进其实际。

第四，反思性教学是基于教师判断，主要建立在自省和洞察力上。

延续这四个特点，Pollard 与 Tann 归纳出六个探究技巧，是反思性教师运用在解决教室问题的主要能力。

第一，实验能力：了解教室里发生了什么，借着收集资料，来描述情境、过程和因果。

第二，分析能力：用来解释所收集到的资料，找寻其间的关联以发现事实。

第三，评估能力：对教育实作的结果进行判断，并用于未来改进政策与实践。

第四，策略能力：在分析之后，直接进入计划行动和参与执行的方法。

第五，实际能力：参与行动的能力，联结分析与实践、方法和目标而完成好的结果。

第六，沟通能力：将做法、想法与人沟通，得到应有的支持，以帮助其顺利发展。

一位反思性教师在运用这些能力去处理教室中的两难问题时，不会困守在一定的处理方法，不知变通，而是从下列历程中找到合适的解决方法，包括：反思性教学、反思性评估和反思性计划的循环渐进过程(Eby & Kujawa, 1994)。

教师观察教室事件或学生行为→

问问题，例如，"什么事不对?""我能做什么？如何改进？"→

借由聆听学生、阅读和参加会议，收集主观资料和客观信息→

分析新的资料和信息→

做道德原则的判断，诚实具体的回馈、考虑幼儿的感觉→

考虑变通的策略→

挑选最适合教室或学生的策略、计划实施→

将计划放入行动、修正教室事件或学生行为的结果→

（回到开始，再次循环……）

教师是一种道德的专业(Elliott, 1988)，追求"效率"并不是他们行动的唯一标准，还要有反思的能力与作为。具有反思能力的教师应能对教室里发生了什么、为何发生，以及可以做什么以达成教学目标等，做深入的思索和回应(Cruickshank, 1984)。无论资深教师或新教师，重视反思性教学的态度与方法，分享其经验，会为教师的教学实践带来专业成长和积极结果。

第一，教师会开始重视本身的实践知识，而不是认为由学者创造的科学知识才是有价值的（Elbaz，1983）。借着反思性教学，逐渐促进教师运用自身知识的能力，建立这种知能和信心。

第二，与同事共同检验教学行为并提供诚实的回馈，从中发展出教师专业的互信互重（Gore，1987），平常即重视发展反思性教学，是有必要也可行的。

第三节　检验自我的教育信念

幼儿园班级管理是复杂的工作，教师要以更弹性的思想行动去迎接挑战，除了对教室环境、幼儿及各种影响因素的掌握外，更要对自己有所了解，可检视自己属于哪一种。

第一种，"权威型"（authoritarian）。教师相信他们的责任就是要计划安排好环境、保持教室秩序和设计固定的课程，由他们规定教室规则和不当行为的结果，并以教师为中心的方式来讲解和教导知识，幼儿必须遵守规矩、做好分内的工作。

第二种，"放任型"（permissive）。教师表现出犹豫和无力，教室没有定什么规矩，执行行为结果时缺乏一致性。他们无法确立应有和必要的权威，幼儿也因不知教师的期待为何，以及不知该怎么做才对而感到困惑；模糊不定让幼儿不断测试教师的极限，班上也缺乏团体意识。

第三种，"民主型"（democratic）。教师坚定要求幼儿，并对其行为有合理的期望和适度的坚持；和幼儿讨论规则的必要，一起制定规则和行为结果，与时修正使更合用。对自己的决定坚持，也乐于倾听幼儿的心声和需要，师生双方都有权力和归属感。

教师在管理班级时，可能涵盖了以上三种类型的特点，如能自我了解、认清自己的领导形态、检讨教学缺点，将更能掌握合适的表现。

参考"教育理念量表"（Wolfgang & Wolfgang，1995），可从中对自己的幼儿教育和班级管理理念做一番检视。依选项分析出属何种理念模式，有助教师自我了解；在面对幼儿行为和教育的情境时，教师会运用不同程度的权力和方法来引导改善，包括从最小权力到最大权力，由一种"面向"转到另一种"面向"；共可分为三种模式信念，代表教师教育价值观的倾向（图 10-1）。

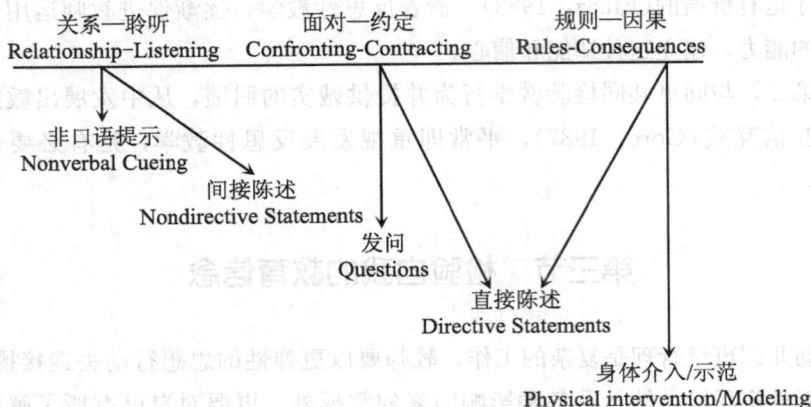

图 10-1 教育理念的三个面向

资料来源：Wolfgang 与 Wolfgang(1995，p. 11)

一、"关系—聆听"(Relationship-Listening)模式

例如，此理念会考虑幼儿情绪，不用预定的规则来管他们，让幼儿先与人相处，觉得有需要才宣布规定。若有不当行为是因为内心的情绪所造成，会鼓励他说出情绪困扰；相信幼儿会自己改变行为，教师要避免介入幼儿可以自行解决的问题中，暗示幼儿改变而不加以控制。班级中若有人破坏物品，会开会讨论如何解决；幼儿若拒绝收拾，将告知其影响。这都是用最小权力面向的策略，教师多半是采用"非口语提示"和"间接陈述"等方法处理幼儿的问题。

二、"面对—约定"(Confronting-Contracting)模式

例如，在看到幼儿之不当行为后，会全班一起讨论他们所需要的规则，也可重新商议决定。活动前让幼儿决定想在哪个区域玩，决定后就必须遵守选择去从事活动。有幼儿彼此吵架或被拒绝进入活动，会提出讨论解决方法；如果拒绝收拾玩具，会告知将失去玩玩具的权利并要他反思。与幼儿一起建立改变行为的协定，帮助他改变或停止这种行为。这是用中等权力面向的策略，多是用"发问"或"直接陈述"的方法处理幼儿的问题。

三、"规则—因果"(Rules-Consequences)模式

例如，相信规定应由教师要求制订，确定能教导幼儿改变，在幼儿有好

表现时会给予奖赏，做不好或违反规则会给予制裁。开学后立刻宣布班级规则要求遵循，会为幼儿决定做何种活动，幼儿应遵守完成工作的指导和程序。老师会以关灯提示吵闹的幼儿安静，再赞美那些轻声讲话的幼儿；说故事时如果被幼儿干扰，会加以忽略或将他带离团体。这是用较大权力面向的策略，其中多会采用"直接陈述""示范和身体介入"的方式处理幼儿的问题。

这三种面向反映了教师平时管理班级的理念与做法，但也可能因事态问题和严重程度而变化运用。下面是一个教师处理幼儿问题的实例，可用以说明上述的权力策略运用变化的情形。

在处理小强抢人玩具的问题时，老师先用最小的权力面向，让小强与被抢的小华面对面，只是看着他们，给小强一点时间去思考和行动，这是"非口语提示"。一段时间后仍没有动静，就进入"间接陈述"，问小强是否很想要那个玩具？仍无反应就接着"发问"提醒小强，是否需要老师帮他把东西还给小华？若他肯了就还，如果仍不说，再等一下让他反应，最后就用"直接陈述""示范和身体介入"的方法，亲自带领小强交还东西给小华，到这里已是最大的权力使用。

这样的辅导是以渐进方式，对幼儿的行为问题逐步调适处理，在每个阶段不会只用固定的方法，乃是依需要而变得更直接、介入更深。这份教育信念量表能帮教师了解自身的教育哲学和所属面向，反思自己的教育理念和态度，进而在实作上修正补强。

第四节 经验反思与教学知识

教师的班级管理是统整所学、经验累积，和自身建构的结果；将理论转化成教学，再与实务融合印证(Livingston & Borko，1989)。基本的理论知识使教师有了基本概念，知道如何行动，还须经过练习选择和判断、观察幼儿反应、形成经验与基模(谷瑞勉，1999a；Berliner，1986；Carter，1990)，在教学的每个阶段累积实力。教师的班级管理理念和行动，会和他本身发展所在的阶段有关(Fuller & Brown，1975)。无论初任教师，还是资深教师对班级管理都不敢掉以轻心，但资深教师的准备工夫、处理事件的条理、情绪的掌握、与人应对及活动的引导方面，都有比较精巧的认知判断，也较善于选择有用的信息、处理困难和类化运用策略。初任教师则因为要同时兼顾幼儿，以及自己对新环境的适应，疲于应付教学的各种压力和状况，需要时间才能在困难挫折中统整经验。新手教师的第一个发展阶段是"生存期",此阶段会担心能否平安顺利过完一天。最多考虑的是如何控制幼儿的秩序,接着才会担心"教学状况",包括教学方法和材料是否恰当;再来才是"学生"的需要和学习的考虑。新手教师发展是渐进的过程,除非前一阶段面临的问题得到妥善的解决,否则恐无力关心下一阶段的问题或顾及并反映学生的需要。新手无法"加速"成长,未经消化的"经验"也不会变成进步的滋养,只有融合运用与修正,才可使新手逐渐稳健成熟,若缺乏反思修正,也难有进步和成长。

第五节　反思的实践方法

教师可能受过去经验习惯的左右、模仿别人不假思索,或受习以为常的偏见所影响,导致不当的班级管理。对复杂的班级管理进行反思,需要多练习,应经常检视自身可能存在的偏见,反思自己的实作与想法;唯有意识到自己的态度和观念,才能改变自己的行为(吴文忠译,1997)。这种意识来自批判性的自觉,有时也靠别人的提醒,需能虚心接纳、放下焦虑和不切实际的期望。班级管理需要时间发展和改善,失败是常情,可以放松自己、坦然面对困难、多与同事联系请教;更要具有专业知识、观察技巧、分析能力及内在动机,才能从事反思。实践反思能力可借下列方法达成。

一、参考专业伦理守则

专业社群通过个人反思、彼此讨论检验及系统化的探讨等,制定他们伦理的标准,以此作为行事依据,在遇到两难问题时,就可借以做更好的判断和决定。

个人道德和专业伦理不同,前者只需简单知识作为对错的判断依据,是属于个人的;当跟一群人从不同背景看一件事时,就要依靠专业伦理作为判断依据。但对两难困境并没有明确直接的解决方法,而是要在介于价值观和责任之间的伦理考量做选择。专业伦理协助教师在敏感情况下客观面对问题,在困惑时能够保持警觉,只是一个方向引导,帮助专业人员思考和判断(Beaty,2008)。幼儿教育是一个助人的专业,教师承诺付出时间精力帮助幼儿及其家庭,愿意奉献而不期待回报或奖励。专业的幼教人员所做的决定融入了各种资源的知识,能显示其观点及反思能力,也知道如何使用伦理的指导。幼儿教育改革委员会(2001)曾规划制定并通过"幼儿教师专业伦理守则"草案,指出幼儿教师在教学各方面应遵循的伦理行为,正可供教师反思其班级管理实践或面临教学两难时的参考。

二、记录反思日志

Schon(1983)倡导教师要做"反思性的实务工作者",而写作反思日志是最常用的反思方法。每天从记录的事件中回顾反思,检查自身的行为,借着长期记录中的脉络,印证学理探讨问题。教师已具备必要之知识信息,但仍需要不断检验、建构自身的经验。反思的训练应在师资培育过程中加以强化,让准幼师都具备自我反思的能力与动机。反思的内容是教师对自己教学上的优缺点进行评价(Good & Brophy,1997):

- 有能力的表现。
- 必须做到的工作。
- 不确定或怀疑的地方。

对这些项目进行周密的观察思考后,会对自己作为教师的能力,以及做得好或不好的地方有所了解;列出需要改进的项目、选择可能的改进方法,再试验及评价其效果。反思方法中的"写下经验"会使实作者更深广地看待教学经验,例如,从社会、政治、经济和教育的角度;当教师们决定了要写的教学事件焦点后,要从批评的观点转移到直观的(intuitive)观点,或从外控状态进入到内控的情势(Holly,1989)。通常教师们能抓住的教学点滴远超过他们所能写出,或他们所知道的,这就是教师自身的实际知识(theory in practice)(谷瑞勉,1999a)。写作日志可以抓住这种静默知识(tacit knowledge),把这些知道却说不出来的知识带到知觉的层面,再重新探讨。也有教师以写专业日志来建立教学档案,作为获得了解及扩充专业判断的基础资料,或探讨教学的"多重真实"面貌。写作除了可以重建经验,对以往视为理所当然的教学内涵也会重新看待,能更客观地面对与分析;还可以用来建立理论、反思,深入了解自己的专业。

另外,与同行"讨论"教学,用"说"表达意见,并检验自己用语和描述事件的真实可靠性,也是了解教学和教室生活的一种方式。教师如能有充裕的时间反思,得到同事、校方的支持很重要,有资深同事的回馈,则进步成效更大。无论学校工作多忙碌,教师还是要找时间反思,养成终身受用的反思习惯。

三、从事行动研究

这是另一种自我检讨、发掘及改进教学问题的方式(夏林清等译,1997)。

从事行动研究的教师需具备健全的理念架构、能找出自身问题所在、熟悉收集和分析资料的方法、采取改善的步骤与行动，最后再评估实施改进的成效。在行动研究的概念中，教师不再只是被动的理论知识接受者，而是可以创造知识的专业人员，或至少能将本身知识拿来与人讨论分享（谷瑞勉，2001）。进行行动研究为教师提供了可以检验观点、反思教学和认识自身实际知识的机会，也借着教师本身的动机能力、身体力行，进行一场对自身教学的验证和探讨。

四、在职进修与专业对话

促进幼儿教师专业发展，须持续关心了解幼教相关领域的新知，例如，课程发展、教育思潮、脑研究与幼儿学习等；在职进修可帮助反思及促进成长，透过参加研习研讨会、工作坊（谷瑞勉等，1996）、在职训练、阅读书写、读研究所等途径学习最新资讯，并建立专业网络认识同业，以提升专业能力。借着小组座谈和个案讨论，或运用录音机、摄影机记录上课情形，搜集资料分析探讨；从教学现场观察班级管理，用真实案例与其他参与者进行专业对话，强调反思的重要性。

师资培训应能帮助准教师们发展未来互助的同事关系，引导透过他人回馈来检验改正自己的观念和能力，公开讨论和检验自己的实作。加强讨论经验、和同业进行专业对话、理性接纳别人的意见，透过这些促进反思和专业发展。

另外，建立个人档案也可以评估专业发展、知能学习、教学实作及目标达成情形。档案夹收集的内容，包含从经验中学到的东西、完成工作的具体证据、组织及班级管理、教学设计、实际教学、科技融入教学、学生学习评估、与家庭的沟通及专业发展情形等。这是一个周全的专业发展文件，能完整呈现教师发展与成长过程，帮助教师思考自己的实作及问题，更可提供与同业讨论沟通。

第六节　理性面对班级管理的压力

由于班级管理的复杂性使然，不论资深教师还是初任教老师，对班级管理都会感受到不同程度的紧张和压力感。每天浸淫在复杂的教室情境中、面对各式各样的幼儿反应，如果处理不当、效果不彰，难免精神紧张。教师的压力可能来自：①困难的学生；②麻烦的家长；③与其他教师疏离的孤独感；

④时间太少事务太多；⑤教学工作和管理幼儿负担重（例如，写教案、做档案、处理琐碎行政事务）；⑥上级或同事的期望；⑦本身的困扰（例如，工作堆积、与家长观念不一、与同事冲突）等。

教师如能获得来自校内外良好的支持系统，较能克服以上这些压力（Curwin & Mendler，1988），如果缺乏支持系统，就要靠自己来面对。可用"解决问题的方法"，即设法改变造成压力的情况或事件，或用"情绪处理的方法"来解决；前者如：①思考是什么造成压力？②建立个人工作目标和顺序；③面对忙碌工作，理清事情的轻重缓急，规划适当时间表，先做真正重要的事情；④发展有效方式来减轻文书工作负担，把大工作分成小任务去完成，或邀请家长协助。后者则是一种自我放松的方法，学习了解自己的感觉并掌控自己的情绪，以健康的心态，运用压力管理技巧，如冥想、肌肉按摩、运动或健康饮食等进行纾压。当不可控制的愤怒情绪或压力降临时，可做深呼吸、数数（如从一数到十）或暂时离开现场以求缓冲，再回来时，就会有较好的心情和精力来继续面对（离开时幼儿须有人在场照顾）。教师也要培养对紧张和压力的敏感度，预防或改变某些令人不愉快的经验，平时即练习深呼吸、做瑜伽、放松身心、以微笑取代生气吼叫、养成幽默习惯、培养生活兴趣、为自己打气、尽量找机会与同事商议解决问题等，都是可行的减压策略。另外，面对班级管理的压力，紧张之外也可能导致求变的热情，就在于教师如何看待和消除这种压力。

班级管理既是"科学"，有其计划与理论基础，也是"艺术"，能有计划之外的弹性变通，运用之妙存乎一心。理论固然需要实作的验证，从经验反思中产生的知识，对实际教学也有影响价值。教学本身就是涉及复杂的、深思熟虑的适应性工作，教师须不断思考、修正自己的班级管理经验，反思实践，还要不断关心、阅读新知新概念，用以了解、更新自己的教学与引导，以提升班级管理的品质。

问题与讨论

1. 你观察到自己或别的老师曾面临哪些教学或班级管理上的两难问题？如何处理和回应？依据什么考量？结果如何？

2. 在自我分析和了解的过程中，你是否清楚知道自己想如何去管理一个班级、带领一班幼儿和培养何种教育目标与个人？

3. 身为老师（准老师），你是否具有反思能力？你用什么方式反思自己？

如何培养这种能力？你在反思的实践中遇到哪些困难和阻力？需要何种协助？

4. 试观察一位幼儿教师用何种方法解决其在班级管理中遇到的两难问题？成效如何？

5. 试观察比较一位资深幼儿教师和一位初任幼儿教师的班级管理有何差别？做法和理念有无不同？资深幼师是否就没有班级管理上的困难？初任幼师又如何克服其困难？

参考文献

中文部分

[1]方炳林. 教学原理. 台北：教育文物出版社，1979

[2]王思涵. 透过心智工具活动提升幼儿自我调节功能. 私立树德科技大学，硕士论文（未出版），2013

[3]王淑娟，林欣莹. 幼儿行为辅导：理论与实务. 台北：启英文化，2002

[4]王连生. 幼儿教育研究. 台北：五南图书出版股份有限公司，1986

[5]幼儿教育改革委员会. 幼儿教师专业伦理守则，台北，2001

[6]B. Kaiser & J. S. Rasminsky，著. 任宗浩，主译. 幼儿行为辅导：幼儿的挑战行为. 台北：群英出版社，2006

[7]朱文雄. 班级管理. 高雄：复文图书出版社，1989

[8]江丽莉. 幼稚园初任教师之专业成长（I）. 台湾"行政院国家科学委员会"专题研究计划成果报告（NSC85-2413-H-134-009），1997

[9]江丽莉. 幼稚园同班搭档教师间的合作关系. 台湾"行政院国家科学委员会"专题研究计划成果报告（NSC87-2413-H-134-002）

[10]江丽莉，钟梅菁. 幼稚园初任教师困扰问题之研究. 新竹师院学报，1997，10，411-447

[11]T. L. Good & J. E. Brophy，著. 吴文忠，译. 课堂研究. 台北：五南图书出版股份有限公司，1997

[12]吴清山，李锡津，刘缅怀，庄贞银，卢美贵. 班级经营. 台北：心理出版社股份有限公司，1990

[13]吴嬿华. 两个老师恰恰好：幼稚园每班两名教师的必要性及搭配的艺术. 新幼教，1995，8，42-43

[14]吕翠夏. 如何与你的伙伴教师合作：一份观察实例. 成长幼教季刊，1998，34，27-31

[15]吕翠夏. 幼稚园的合作教学：以一个班级为例. 台南师院学报，2001，34，475-492

[16]C. A. Smith，著. 吕翠夏，译. 儿童的社会发展：策略与活动. 台北：桂冠图书公司，1994

[17]李文正. 建构论社会道德情境之研究：以美和附设托儿所之"彩虹班"为例. 美和技术学院学报，2002，21，1-17

[18]李文正. 教师处理幼儿冲突行为对班级社会道德情境之影响研究. 美和技术学院学报，2004，23(1)，1-25

[19]C. A. Smith，著. 李文正，译. 祥和的教室. 台北：光佑文化企业股份有限公司，1996

[20]李宗文. 脑筋急转弯：区域教学应否限制人数. 新幼教，1997，13，16-19

[21]李郁文. "隔离法"在幼儿、儿童行为改变教育上之运用. 谘商与辅导. 2000，172，8-10

[22]李淑惠. 幼稚园活动室互动行为之研究：区域与学习区之观察. 私立中国文化大学，台北，1995

[23]李智令. 高雄市小学启智班实施协同教学现况之研究. 高雄师范大学，硕士论文(未出版)，2002

[24]谷瑞勉. 幼稚园常规管理：一个大班的观察报告. 初等教育研究，1989，11，311-346。

[25]谷瑞勉. 策略教学对幼儿教室行为和后设认知能力之影响. 八十四学年度师范学院教育学术论文. 屏东师范学院，1995

[26]谷瑞勉. 幼稚园班级管理：精熟与初任幼儿教师知能与实作之比较. 台湾"行政院国家科学委员会"专题研究计划成果报告(NSC86-2413-H-153-011)，1997a

[27]谷瑞勉. 两性平权：幼儿的性别教育. 国语日报(幼教专刊)，19976b

[28]谷瑞勉. 学期初之班级经营：资深与初任幼儿教师之比较. 国民教育研究，1998，2，37-54

[29]谷瑞勉. 由新手到精熟：幼儿教师教学知识与实作之发展历程研究. 台湾"行政院国家科学委员会"专题研究计划成果报告(NSC87-2413-H-153-005)，1999a

[30]L. E. Berk & A. Winsler，著. 谷瑞勉，译. 鹰架儿童的学习：维高斯基与幼儿教育. 台北：心理出版社股份有限公司，1999b

[31]谷瑞勉. 借行动研究达成幼儿教师之专业成长. 台湾"行政院国家科学委员会"专题研究成果报告(NSC89-2413-H-153-002)，2001

[32]谷瑞勉. 维高斯基取向的幼儿教育课程模式. 陈淑琦，等著. 幼教课程模式. 台北：华腾文化股份有限公司，2012

[33]谷瑞勉，张丽芬，陈淑敏. 幼儿教师专业成长课程研究。"教育部"专案研究计划成果报告，1996

[34]林心智. 幼儿冲突类型与解决模式. 美和技术学院第一届幼儿保育学术研讨会论文集. 屏东：私立美和技术学院，2003

[35]林亮吟. 幼稚园教师处理幼儿人际冲突之研究. 屏东师范学院，硕士论文，2004

[36]林政逸. 班级经营：核心实务与议题. 台北：心理图书出版股份有限公司，2013

[37]林丽卿. 跟你玩，不跟你玩：从言谈分析的观点看幼儿同济冲突. 第五届华人心理行为科际学术研讨会. 台北市："中央研究院"，2000

[38]邱方晞. 东南亚外籍新娘家庭问题与协助需求之探讨. 社区发展季刊，1993，101，176-181

[39]邱连煌. 班级经营：学生管教模式、策略与方法. 台北：文景书局有限公司，1997

[40]金树人，译. 教室里的春天：教室经营的科学与艺术. 台北：张老师文化企业股份有限公司，1994

[41]保心怡. 大班幼儿对幼稚园内规则的认知研究. 台湾师范大学，硕士论文，1988

[42]柯平顺. 婴幼儿特殊教育. 台北：心理图书出版股份有限公司，1997

[43]柯华葳. 教室规矩：一个观察研究报告. "质的研讨在教育研究上的应用"论文集. 屏东师范学院，1988

[44]柯华葳. 班级常规管理的思考历程. 黄政傑，李隆盛，主编，班级经营：理念与策略，台北：师大书苑，1993

[45]唐玺惠、王财印、何金针、徐仲欣. 情绪管理与压力调适. 台北：心理图书出版股份有限公司，2005

[46]夏林清，等译. 行动研究方法道论. 台北：远流出版公司，1997

[47]徐澄清. 因材施教：从出生的第一天开始. 台北：健康世界杂志社，1986

[48]M. Montessori，著. 马荣根，译. 童年的秘密. 台北：五南图书出版股份有限公司，1992

[49]张永吟. 由新台湾之子的学习困境谈公托幼师的新压力. 蒙特梭利，2003，49，22-23

[50]张秀敏. 小学班级管理. 台北：心理图书出版股份有限公司，1998

参考文献

[51]张美云. 工作价值观、任教职志与工作环境因素对幼师离职或异动之影响. 私立中国文化大学，硕士论文，1996

[52]张新仁. 教室管理的理念与实务. 黄政杰，李隆盛，主编. 班级管理：理念与策略. 台北：师大书苑，1993

[53]张新仁（主编）. 学习与教学新趋势. 台北：心理出版社股份有限公司，2003

[54]张银凤. 两位带班老师相处之哲学. 幼教资讯，2000，118，56-57

[55]台湾"教育部". 幼稚园课程标准，台北：正中，1987

[56]台湾"教育部". 幼儿教育及照顾法，2012

[57]台湾"教育部". 幼儿园教保活动课程暂行大纲，2013

[58]梁培勇，译. 孺子可教：如何帮助小孩解决问题. 台北：大洋出版社，1985

[59]庄淑玲. 幼稚园教师面对合班搭档冲突之诠释、因应. 台北市立师范学院，硕士论文，2004

[60]许静茹. 幼稚园班级管理与教师省思能力. 台北市立师范学院，硕士论文，2001

[61]H. G. Ginott，著. 许丽美，许丽玉，译. 老师如何跟学生说话. 台北：心理出版社股份有限公司，2001

[62]A. E. Kazdin，著. 陈千玉，译. 行为改变技术. 台北：五南图书出版股份有限公司，1997

[63]陈奎熹. 教育社会学研究. 台北：师大书苑，1990

[64]陈美惠. 彰化县东南亚外籍新娘教养子女经验之研究. 嘉义大学，硕士论文，2001

[65]陈国泰. 初任幼儿教师班级管理知识及其相关因素之研究. 美和技术学院学报，2003，22，113-140

[66]陈淑琴. 幼儿冲突行为的化解与辅导实务探讨. 幼教年刊，1999，11，19-32

[67]陈雅美. 幼稚园实习教师团体活动秩序管理技巧分析研究. 台北师院学报，1996，8，471-502

[68]陈荣华. 行为改变技术. 台北：五南图书出版股份有限公司，1993

[69]单文经. 班级管理策略研究. 台北：师大书苑，1994

[70]R. F. Verderber & K. S. Verderber，著. 曾端真，曾玲，译. 人际关系与沟通. 台北：扬智文化企业股份有限公司，1996

[71]黄木兰. 为新弱势族群散布希望的种子. 师友, 2004, 442, 20-25

[72]黄正鹄. 行为治疗的基本理论与技术. 台北: 天马文化企业公司, 1991

[73]黄政傑, 李隆盛, 主编. 班级管理: 理念与策略. 台北: 师大书苑, 1993

[74]黄意舒. 幼儿行为观察法与应用. 台北: 心理出版社股份有限公司, 1996

[75]黄瑞琴. 幼儿的语文经验. 台北: 五南图书出版股份有限公司, 1993

[76]黄慧真, 译. 学前教育。台北: 桂冠图书公司, 1992

[77]杨俐容. 教室里的春天: 幼师伙伴间的冲突与化解. 成长幼教季刊, 1998, 34, 27-31

[78]杨惠卿, 蔡顺良. 幼教教师处理幼儿分离焦虑的经验初探. 花莲师院学报, 2005, 20, 129-158

[79]刘秀燕. 跨文化冲击下外籍新娘家庭及其子女行为表现之研究. 中正大学, 硕士论文, 2003

[80]刘慈惠, 王莉玲, 林青青. 幼儿行为观察与记录. 台北: 五南图书出版股份有限公司, 1993

[81]T. Gordon, 著. 欧申谈, 译. 教师效能训练. 台北: 新雨出版社, 1993

[82]欧姿秀. 幼儿园里的亲密关系: 幼教老师同班共处问题面面观. 成长幼教季刊, 1998, 34, 17-20

[83]P. Bronson & A. Merry-man, 著. 潘勋, 译. 教养大震撼. 台北: 雅言文化出版股份有限公司, 2010

[84]潘铮津. 活动形态、活动阶段与幼儿自语自我调节功能之关系研究. 台东大学, 硕士论文, 2004

[85]蔡佳琪, 吴佳容. 幼稚园两位教师协同教学搭配情形初探. 幼教学刊, 1998, 6, 51-56

[86]E. Bodrova & D. J. Leong, 著. 蔡宜纯, 译. 心灵帮手: Vygotsky学派之幼儿教学法. 台北: 心理出版社股份有限公司, 2009

[87]卢秀芳. 在台外籍新娘子女家庭环境与学校生活适应之研究. 政治大学, 硕士论文, 2004

[88]卢素碧. 幼儿教育课程理论与单元活动设计. 台北: 文景书局有限公司, 1990

参考文献

[89]戴文青. 学习环境的规划与运用. 台北：心理出版社股份有限公司，1993

[90]戴文青. 营造幼儿学习的理想国. 新幼教，1997，13，20-27

[91]钟凤娇. 亲子沟通对幼儿社会行为的影响. 台东师范学报，1997，8，133-176

[92]简佳雯. 小学班群式合作教学之探讨：以东部某国小为例. 台东师范学院，硕士论文，2003

[93]简楚瑛. 幼稚园班级管理. 台北：文景书局有限公司，1996a

[94]简楚瑛(1996b). 幼稚园教室常规相关因素之研究. "行政院国家科学委员会"专题研究成果报告(NSC85-2413-H-134-008)，1996b

[95]颜火龙，李新民，蔡明富. 班级管理：科际整合取向. 台北：师大书苑，1998

[96]颜秀茹. 外籍配偶子女正向调适历程之探究：个案研究. 屏东教育大学，硕士论文，2006

[97]颜淑惠. 小学教师情绪管理与教师效能之研究. 台北市立师范学院，硕士论文，2000

[98]L. Clark，著. 魏美惠，译. 暂时隔离法. 台北：心理图书出版股份有限公司，1997

[99]苏建文，林美珍，程小危，林惠雅，幸曼玲，陈李绸，吴敏而，柯华葳，陈淑美. 发展心理学. 台北：心理图书出版股份有限公司，1995

[100]苏建洲. 提升小学协同教学成效策略之研究：以团队管理观点. 成功大学，硕士论文，2003

英文部分

[1]Allday, A., & Pakurar, K. (2007). Effects of teacher greeting on students' on task behavior. *Journal of Applied Behavior Analysis*，40，317-320.

[2]Allwright，R. L. (1996). Social and pedagogic pressure in the language classroom：The role of socialization. In H. Coleman (Ed.)，*Society and the language classroom* (pp. 209-228). Cambridge，UK：Cambridge University Press.

[3]Balaban，N. (1988). *Separation：An opportunity for growth*. NY：Bank Street College of Education. (ED297867)

［4］Bandura, A. (1969). *Social learning theory*. Englewood Cliffs, NJ: Prentice-Hall.

［5］Baumrind, D. (1967). Child care practices anteceding three patterns of preschool behavior. *Genetic Psychology Monographs*, 75, 43-88.

［6］Beaty, J. J. (2008). *Skills for preschool teachers* (8th ed.). Columbus, OH: Pearson.

［7］Bell, R. Q. , & Harper, L. V. (1977). *Child's effects on adults*. Hillsdale, NJ: Lawrence Erlbaum Associates.

［8］Berlak, H. , & Berlak, A. (1981). *Dilemmas of schooling*. London, UK: Methuen.

［9］Berliner, D. C. (1986). In pursuit of the expert pedagogue. *Educational Researcher*, 15(7), 5-13.

［10］Bernhard, J. K. , Lefebvre, M. L. , Chud, G. , & Lange, R. (1995). *Paths to equity: Cultural, linguistic and racial diversity in Canadian early childhood education*. New York, NY: Ontario Lanes Press.

［11］Black, S. (1992). In praise of judicious praise. *Executive Educator*, 14, 24-27.

［12］Bodrova, E. , & Leong, D. J. (2007). *Tools of the mind* (2nd ed.). Upper Saddle River, NJ: Merrill/Pearson.

［13］Bowden, F. (1997). *Supported child care: Enhancing accessibility*. Victoria, UK: British Columbia Ministry for Children and Families and Human Resources Development Canada.

［14］Bredekamp, S. (1987). *Developmentally appropriate practice in early childhood programs: Serving children from birth through age* 8(Expanded ed.). Washington, DC: NAEYC.

［15］Bronfenbrenner, U. (1979). *The ecology of human development: Experiments by nature and design*. Cambridge, UK: Harvard University Press.

［16］Bronson, N. B. (2000). *Self-regulation in early childhood: Nature and nuture*. New York, NY: Guilford Press.

［17］Brophy, J. (1999). Perspectives of classroom management: Yesterday, today, and tomorrow. In H. J. Freiberg (Ed.), *Beyond behaviorism: Changing the class management paradigm* (pp. 43-56). Needham Heights,

MA: Allyn & Bacon.

[18]Brumfit, C. J. (2001). *Individual freedom in language learning*. Oxford, UK: Oxford University Press.

[19]Burden, P. (2006). *Classroom management: Creating a successful K-12 learning community*. Hoboken, NJ: John Wiley & Sons.

[20]Canter, L. (1976). *Assertive discipline: A take-charge approach for today's educator*. Seal Beach, CA: Canter and Association.

[21]Carter, K. (1990). Teachers' knowledge and learning to teach. In W. R. Houston & J. Sikula (Eds.), *Handbook of research on teacher education* (pp. 291-310). NY: Macmillan.

[22] Charles, C. (1983). *Elementary classroom management*. NY: Longman.

[23]Chud, G., & Fahlman, R. (1995). *Honouring diversity within child care and early education: An instructors guide*. Victoria, UK: British Columbia Ministry of Skills, Training, and Labour and the Centre for Curriculum and Professional Development.

[24] Conroy, M., Sutherland, K. S., Haydon, T., Stormont, M., & Harmon, J. (2009). Preventing and ameliorating young children's ethronic problem behaviors: An ecological classroom-based approach. *Psychology in the Schools*, 46(1), 3-17.

[25]Corsaro, W. A. (1992). Interpretive reproduction in children's peer culture. *Social Psychology Quarterly*, 55, 160-177.

[26]Costa, A. L., & Garmston, R. J. (1994). *Cognitive coaching: A foundation for renaissance schools*. Norwood, MA: Christopher-Gordon Publishers.

[27] Cruickshank, D. R. (1984). *Helping teachers achieve wisdom*. (Manuscript)Columbus, OH: The Ohio State University.

[28]Curwin, R. L., & Mendler, A. N. (1988). *Discipline with dignity*. Alexandria, VA: ASCD.

[29]Depry, R. L., & Sugai, G. (2002). The effect of active supervision and precorrection on minor behavioral incidents in a sixth-grade general education classroom. *Journal of Behavioral Education*, 11, 255-267.

[30] DeVries, R., & Zan, B. (1994). *Moral classroom, moral chil-

dren: *Creating a constructivist atmosphere in early education*. New York, NY: Teachers College Press.

[31]Dewey, J. (1933). *How we think*: *A restatement of the relation of reflective thinking to the educative process*. Chicago, IL: Henry Regnery.

[32]Doll, B. , Zucker, S. , & Berhm, K. (2004). *Resilient classrooms*: *Creating healthy environments for learning*. New York, NY: Guilford Press.

[33]Doyle, W. (1986). Classroom organization and management. In M. Wittrock(Ed.), *Handbook of research on teaching* (3rd ed.) (pp. 113-127). Albany, NY: Sunny Press.

[34]Dreikurs, R. (1968). *Psychology in the classroom* (2nd ed.). NY: Harper & Row.

[35]Drummond, M. J. , & Jenkinson, S. (2009). *Meeting the child*: *Approaches to observation and assessment in Steiner kindergartens*. Plymouth, UK: University of Plymouth.

[36]Eby, J. W. , & Kujawa, E. (1994). *Reflective planning teaching and evaluation*: *K*-12. NY: Macmillan.

[37]Eby, J. W. , Herrell, A. L. , & Jordan, M. (2009). *Teaching in the elementary school*: *A reflective action approach* (5th ed.). Columbus, OH: Pearson.

[38]Elbaz, F. (1983). *Teacher thinking*: *A study of practical knowledge*. NY: Nichols.

[39]Elliott, J. (1988). Teacher evaluation and teaching as a moral science. In M. L. Holly & C. McLoughlin (Eds.), *Perspectives on teacher professional development*. London, UK: Falmer Press.

[40]Emmer, E. T. , Evertson, C. M. , & Anderson, L. M. (1980). Effective classroom management at the beginning of the school year. *Elementary School Journal*, 80, 219-231.

[41]Enid, E. , & Janet, G. M. (2011). Babies' self-regulation: Taking a broad perspective. *Young Children*, 66(1), 28-32.

[42] Erikson, E. H. (1959). *Identity and the life cycle*. NY: W. W. Norton.

[43] Evertson, C. M. , Emmer, E. T. , & Worsham, M. E. (2003).

Classroom management for elementary teachers (6th ed.). Boston, MA: Allyn & Bacon.

[44]Evertson, C. M., Emmer, E. T., Clements, B. S., & Worsham, M. E. (1994). *Classroom management for elementary teachers*. Boston, MA: Allyn & Bacon.

[45]Fay, J., & Funk, D. (1995). *Teaching with love and logic*. Golden, CO: Love and Logic Press.

[46]Feldman, S. (2003). The place of praise. *Teaching PreK-8*, 33, 6.

[47]Fields, M. V., & Boesser, C. (1994). *Constructive guidance and discipline*. NY: Merrill.

[48]Fisher, G. (2003). Student behavior. In J. McLeod, J. Fisher., & G. Hoover (Eds.), *The key elements of classroom management* (pp. 61-93). Alexandria, VA: ASCD.

[49]Fuller, F. F., & Brown, O. D. (1975). Becoming a teacher. In K. Ryan (Ed.), *Teacher education* (pp. 25-52). Chicago, IL: University of Chicago Press.

[50]Gable, R. A., Hester, P. H., Rock, M. L., & Hughes, K. G. (2009). Back to basics: Rules, praise, ignoring, and reprimands revisited. *Intervention in School and Clinic*, 44, 195-205.

[51]Garbarino, J. (1982). *Children and families in the social environment*. NY: Aldine Publishing.

[52]Garceda Coll, C., & Magnuson, K. (2000). Cultural differences as sources of developmental vulnerabilities and resources. In J. P. Shonkoff & S. J. Meisels (Eds.), *Handbook of early childhood intervention* (2nd ed.) (pp. 94-114). New York, NY: Cambridge University Press.

[53]Gardner, H. (1982). *Developmental psychology*. Toronto, Canada: Little Brown and Company.

[54]Gartrell, D. (1997). *A guidance approach for the encouraging classroom* (2nd ed.). NY: Delmar.

[55]Ginott, H. (1971). *Teacher and child*. NY: Macmillan.

[56]Glasser, W. (1990). *Control theory in the classroom*. NY: Harper & Row.

[57]Goldstein, J. M., & Weber, W. A. (1981). *Teacher managerial*

behaviors and on-task behavior: *Three studies*. Paper presented at the annual meeting of the American Educational Research Association, LA.

[58]Gonzalez-Mena, J. (2002). *The child in the family and the community* (3rd ed.). Upper Saddle River, NJ: Prentice-Hall.

[59]Good, T. L., & Brophy, J. E. (1997). *Looking in classrooms* (7th ed.). NY: Longman.

[60]Goodlad, J. I. (1984). *A place called school*: *Prospects for the future*. NY: McGraw-Hill.

[61]Goodman, G., & Poillion, M. J. (1992). ADD: Acronym for any dysfunction or difficulty. *The Journal of Special Education*, 26, 37-56.

[62]Gootman, M. E. (1997). *The caring teacher's guide to discipline*. Thousand Oaks, CA: Corwin Press.

[63]Gordon, T. (1974). *T. E. T.*: *Teacher effective training*. NY: David McKay.

[64]Gordon, T. (1989). *Teaching children self-discipline at home and at school*. NY: Times Books.

[65]Gore, J. M. (1987). Reflecting on reflective teaching. *Journal of Teacher Education*, 38(2), 33-39.

[66]Grossman, H. (2004). *Classroom behavior management for diverse and inclusive schools*. New York, NY: Rowman & Littlefield.

[67]Henley, M. (2006). *Classroom management*: *A proactive approach*. Upper Saddle River, NJ: Pearson.

[68]Hill, D. (1990). Order in the classroom. *Teacher*, 1(7), 70-77.

[69]Holly, M. L. (1989). *Teacher inquiry*: *Keeping a personal-professional journal*. Portsmouth, NH: Heinemann.

[70]Hoover, G. (2003). Instructional strategies. In J. McLeod, J. Fisher., & G. Hoover (Eds.), *The key elements of classroom management* (pp. 125-181). Alexandria, VA: ASCD.

[71]Hoover-Dempsey, K. V., & Sandler, H. M. (1997). Why do parents become involved in their children's education? *Review of Educational Research*, 67, 3-42.

[72]Huston-Stein, A., Friedrich-Cofer, L., & Sussman, E. (1977). The relation of classroom structure to social behavior: Imaginative play, and

参考文献

self-regulation of economically disadvantaged children. *Child Development*, 48(3), 908-916.

[73]Jenkinson, S. (2011). Mixed age structure, the family model and the developing child. In R. Parker-Rees (Ed.), *Meeting the child in Steiner kindergartens: An exploration of beliefs, values and practices* (pp. 26-40). New York, NY: Routledge.

[74]Jones, E., & Nimmo, J. (1994). *Emergent curriculum*. Washington, DC: National Association for the Education of Young Children.

[75]Jones, V. F. (1987). *Positive classroom discipline*. NY: McGraw-Hill.

[76]Jones, V. F., & Jones, L. S. (2004). *Comprehensive classroom management: Creating communities of support and solving problems* (8th ed.). Boston, MA: Allyn & Bacons.

[77]Jonson, K., Cappelloni, N., & Niesyn, M. (2011). *The new elementary teacher's handbook* (3rd ed.). Thousand Oaks, CA: Corwin.

[78]Kamii, C. (1982). Autonomy as the aim of education: Implications of Piaget's theory. In C. Kamii, *Number* (pp. 73-87). Washington, DC: NAEYC.

[79]Katz, L. G., & McClellan, D. E. (1991). *Ateacher's role in the social development of young children*. (ERIC: ED313168)

[80]Kazdin, A. E. (1989). *Behavior modification in applied settings*. Pacific Grove, CA: Brooks/Cole.

[81]Kohlberg, L. (1963). The development of children's orientations towards a moral order: Sequence in the development of moral thought. *Vita Humana*, 6, 11-33.

[82]Kounin, J. (1970). *Discipline and group management in classrooms*. NY: Holt Rinehart & Winston.

[83]Kounin, J., & Gump, P. (1974). Signal system of lesson settings and the task related behavior of preschool children. *Journal of Educational Psychology*, 66, 554-562.

[84] Kreidler, W. J. (1994). *Teaching conflict resolution through children's litera-ture* (grades K-2). New York, NY: Scholastic Professional Books.

[85]Kritchevsky, S. (1969). *Planning environment for young children: Physical space*. Washington, DC: NAEYC.

[86]Kunter, M. , Baumert, J. , & Koller, O. (2007). Effective classroom management and the development of subject-related interest. *Learning and Instruction*, 17(5), 494-509.

[87]Larrivee, B. (2002). The potential perils of praise in a democratic interactive classroom. *Action in Teacher Education*, 123, 77-88.

[88]Lemlech, J. K. (1991). *Classroom management: Methods and techniques for elementary and secondary teachers*. Prospect, IL: Waveland Press.

[89]Levin, J. , & Shanken-Kaye, J. (1996). *The self-control classroom: Understanding and managing the disruptive behavior of all students, Including those with ADHD*. Dubuque, IA: Kendall/Hunt.

[90]Lewin, K. , Lippitt, R. , & White, R. (1939). Patterns of aggressive behavior in experimentally created social climates. *Journal of Social Psychology*, 10, 271-299.

[91]Lewin-Benham, A. (2006). One teacher, 20preschoolers, and a goldfish: Environmental awareness, emergent curriculum, and documentation. *Young Children*, 61(2), 28-34.

[92]Livingston, C. , & Borko, H. (1989). Expert-novice differences in teaching: A cognitive analysis and implications for teacher education. *Journal of Teacher Education*, 40(4), 36-42.

[93]Manning, B. H. (1988). Application of cognitive behavior modification: First and third graders self-management of classroom behaviors. *American Educational Research Journal*, 25(2), 193-212.

[94]Marzano, R. J. (2003). *Classroom management that works: Research-based strategies for every teacher*. Alexandria, VA: ASCD.

[95]McCaslin, M. , & Good, T. L. (1992). Compliant cognition: The misalliance of management and instructional goals in current school reform. *Educational Researcher*, 21(3), 4-17.

[96]McLeod, J. (2003). Time and classroom spaces. In J. McLeod, J. Fisher, & G. Hoover (Eds.), *The key elements of classroom management* (pp. 3-57). Alexandria, VA: ASCD.

参考文献

[97]Meichenbaum, D. (1977). *Cognitive behavior modification*. NY: Plenum.

[98]Miller, D. F. (1996). *Instructor's manual: Positive child guidance* (2nd ed.). New York, NY: Delmar.

[99]Moss, P., & Petrie, P. (2002). *From children's services to children's spaces*. London, UK: Routledge Falmer.

[100]National Research Council (2002). *Minority students in special and gifted education: Committee on minority representation in special education*. Washington, DC: National Academy Press.

[101]Nicol, S. E., & Gottesmana, I. (1983). Clues to the genetics and neurobiology of schizophrenia. *American Scientist*, 71, 394-401.

[102]Ogan, A. T. (2008). *An investigation of the effects of make-believe play training on the development of self-regulation in head start children* (Doc-tor dissertation). Available from ProQuest Education Journals. (No. 3353104)

[103]Patterson, G. R. (1982). *Coercive family process*. Eugene, OR: Castalia.

[104]Peterson, R. (1992). *Life in a crowded place: Making a learning community*. Portsmouth, NH: Heinemann.

[105]Piaget, J. (1950). *The psychology of intelligence*. San Diego, CA: Harcourt Brace Jovanovich.

[106]Pianta, R. (2003). *Enhancing relationships between children and teachers*. Washington, DC: American Psychological Association.

[107]Pollard, A., & Tann, S. (1993). *Reflective teaching in the primary school*. London, UK: Cassell.

[108]Prabhu, N. S. (1992). The dynamic of the language lesson. *TESOL Quarterly*, 26(2).

[109]Ramsey, P. G. (1991). *Making friends in school: Promoting peer relationships in early childhood*. New York, NY: Teachers College Press.

[110]Redl, F., & Wattenberg, W. (1959). *Mental hygiene in teaching*. NY: Harcourt Brace and World.

[111]Rogers, C. (1961). *On becoming a person*. London, UK: Constable.

[112]Rogers, C. (1980). *A way of being*. Boston, MA: Houghton Mifflin.

[113]Rosenshine, B. (1980). How time is spent in elementary classroom. In C. Cenham & A. Lieberman (Eds.), *Time to learn* (pp. 107-126). Washington, DC: U. S. Department of Education.

[114]Scheuermann, B. K., & Hall, J. A. (2008). *Positive behavioral supports for the classroom*. Upper Saddle River, NJ: Pearson/Merrill Prentice Hall.

[115]Schmuck, R. A., & Schmuck, P. A. (1988). *Group processes in the classroom*(5th ed.). Dubque, IA: Wm. C. Brown Publishers.

[116]Schon, D. A. (1983). *The reflective practitioner*. London, UK: Temple Smith.

[117]Schon, D. A. (1987). *Educating the reflective practitioner*. San Francisco, CA: Jossey-Bass.

[118]Seibel, N. L. (2006). Self-regulation: A cornerstone of early childhood development. *Young Children*, 61(4), 34-39.

[119] Skinner, B. F. (1971). *Beyond freedom and dignity*. NY: Knopf.

[120]Stormont, M., Covington, S., & Lewis, T. J. (2006). Using data to inform systems: Assessing teacher implementation of key features of positive behavior support. *Beyond Behavior*, 15(3), 10-14.

[121]Thomas, A., & Chess, S. (1977). *Temperament and development*. NY: Bruner/Mazel.

[122]Trussell, R. (2008). Classroom universals for prevention of problem behaviors. *Interventions in School and Clinic*, 43, 179-186.

[123] Webster-Stratton, C., Reid, M., & Hammond, M. (2004). Treating children with early-onset conduct problems: Intervention outcomes for parent, child and teacher training. *Journal of Clinical Child and Adolescent Psychology*, 33(1), 105-124.

[124]Weinstein, C. S. (2007). *Middle and secondary classroom management: Lessons from research and practice* (3rd ed.). New York, NY: McGrawHill.

[125]Winton, P. J. (1988). The family-focused interview: An assess-

ment measure and goal-setting mechanism. In D. B. Bailey & R. J. Simeonsson (Eds.), *Family assessment in early intervention* (pp. 185-205). NY: Merrill/Macmillan.

[126]Wlodkowski, R. (1980). *Motivation and teaching*. Washington, DC: National Educational Association.

[127]Wolfgang, C. H. , & Wolfgang, M. E. (1995). *The three faces of discipline for early childhood*. Boston, MA: Allyn & Bacon.

[128]Wong, H. K. , & Wong, R. T. (1998). *The first days of school*. Mountain View, CA: Harry K. Wong.

[129]Wright, T. (2005). *Classroom management in language education*. NY: Pal-grave MacMillan.

[130]Zirpoli, T. J. (1995). *Understanding and affecting the behavior of young children*. Englewood Cliffs, NJ: Merrill.